智慧养老背景下基于移动GIS的老年关爱模式建设研究

杜久升　著

中国矿业大学出版社
· 徐州 ·

内容简介

本书以依托物联网及信息技术的智慧养老模式为研究对象，探索符合老年人需求、易于普及、技术可行的老年关爱模式，对缓解老龄化问题具有重要意义，旨在为智慧养老模式探索提供新思路，为老年关爱模式建设提供新方法。研究内容主要包括以下五个方面：我国智慧养老研究的现状与热点，以及智慧养老的网络关注度；老年人的养老意愿调查方法及其统计学特征和空间分布特征；居民自身属性和社会因素对其养老意愿的影响；空间视角下的养老设施服务能力评价方法；基于移动GIS的老年关爱系统设计与实现。

本书有关内容对智慧养老研究进展、养老意愿及其影响因素分析、养老服务设施评价与布设、养老关爱系统设计具有一定参考价值。本书可供人文地理专业的研究生及其他从事空间分析、移动GIS、人口老龄化研究的学者参考。

图书在版编目(CIP)数据

智慧养老背景下基于移动GIS的老年关爱模式建设研究/杜久升著.—徐州：中国矿业大学出版社，2022.11

ISBN 978-7-5646-5592-1

Ⅰ.①智… Ⅱ.①杜… Ⅲ.①养老—社会服务—智能系统—研究—中国 Ⅳ.①D669.6

中国版本图书馆CIP数据核字(2022)第205452号

书　　名　智慧养老背景下基于移动GIS的老年关爱模式建设研究
著　　者　杜久升
责任编辑　何　戈
出版发行　中国矿业大学出版社有限责任公司
（江苏省徐州市解放南路　邮编221008）
营销热线　(0516)83885370　83884103
出版服务　(0516)83995789　83884920
网　　址　http://www.cumtp.com　**E-mail**:cumtpvip@cumtp.com
印　　刷　广东虎彩云印刷有限公司
开　　本　787 mm×1092 mm　1/16　**印张** 10.75　**字数** 205千字
版次印次　2022年11月第1版　2022年11月第1次印刷
定　　价　38.00元

前　言

我国自2000年步入老龄化社会，老年人口比例逐年攀升。绝对基数大与快速老龄化共存、面临“备”“富”不足的双重老龄化挑战、城乡与地区间老龄化发展不均衡等问题凸显。顺应老龄化社会的要求，以关爱老人为出发点，研究养老相关问题是时代发展的必然要求。因此，“如何掌握老年人的养老意愿及其影响因素?”“如何科学评价城市养老设施服务能力?”“如何构建契合老年人需求的服务系统?”等问题亟待解决，这对缓解老龄化问题具有重要意义。

本书围绕上述问题展开研究，自东南至西北选取浙江省、河南省、甘肃省为研究区域，以时空分析视角着重研究老年人及未老人群养老意愿的空间分布特征，剖析其影响因素；以郑州市为例，研究城市养老设施服务能力评价方法；依据老年人意愿调查，基于移动GIS原理，设计并实现依托智能手机的老年关爱系统。

本书分为5章。

第1章是绪论。分析我国人口老龄化的现状，阐明依托物联网及信息技术的智慧养老模式研究的意义。结合智慧养老模式的含义，运用CiteSpace软件可视化分析我国智慧养老研究的现状、热点及发展趋势。基于百度指数，统计我国省域尺度的智慧养老网络关注度，分析时间、空间网络关注度差异，掌握智慧养老的社会认可程度。明确本书老年关爱模式的研究定位。

第2章是养老意愿空间格局。介绍研究区概况以及研究区选择依据，参照国家标准，结合前人的研究方法，选取作答者的基本特征，兼顾老人的网络交流不对等性，加入老年人基本情况，设计养老意愿调查问卷。以当前主流养老模式（即居家养老、社区养老、机构养老、医养结合）为研究内容，从样本统计分析、空间格局两个方面剖析各研究区老年人的养老意愿。此外，按照作答者的意愿、年龄，分析居民养老意愿的发展趋势。

第3章是养老意愿影响因素。结合调查问卷选项设置，以养老意愿为因变量，其余特征为自变量，设置问卷调查指标体系；以养老意愿为因变量，以经济、社会、自然三个因素为自变量，设置社会经济指标体系。运用多元logistic（逻辑）回归分析，分别以老年人和作答者为研究对象，剖析其自身属性对其养老意愿选择的影响。运用地理探测器，分别以老年人和作答者为研究对象，剖析社会因素对其养老意愿选择的影响。

第4章是养老设施服务能力评价。以浙江省、河南省、甘肃省三个省份为例，研究我国不同区域的养老机构空间分布特征，采用多距离空间聚类分析、核密度、标准差椭圆等方法评价三个地区的空间格局，并做出比较。结合上述地区经济社会数据，剖析空间格局的主要影响因子和次要影响因子，研究地区养老机构发展的潜在动力。以郑州市为例，研究城市尺度的养老机构服务能力，将人口纳入考量范围，利用改进潜能模型分析养老机构的空间可达性。

第5章是基于移动GIS的老年关爱系统设计与实现。开展“对智慧养老及具有智慧养老功能手机的看法”调查，依据调查结果，分析老年人对医疗健康、安全出行、网购文娱、生活关注、一键操作等五项功能的需求排序，细化老年关爱系统需求分析。通过概要设计、页面设计、详细设计实现老年关爱系统。

本书的出版得到了教育部人文社会科学青年基金项目（17YJCZH041）、河南省高等学校哲学社会科学创新团队（2022-CXTD-02）、河南省高校科技创新团队支持计划（22IRTSTHN008）、河南理工大学人文社会科学研究基金年度项目（SKND2018-20）的资助。

本书由河南理工大学杜久升撰写。撰写过程中参考了大量国内外学者的研究成果，有些未能在本书中一一列出，敬请原文作者谅解。本书的撰写得到了河南理工大学多位前辈、同行和同事的大力支持，得到了河南理工大学硕士研究生王羽、元文彬、冯云超、刘鼎铭等同学的无私帮助，在此表示衷心感谢！

由于水平有限，书中可能存在不足或疏漏之处，敬请相关专家、广大同行批评指正。

著　者
2022 年 8 月

目　录

第1章 绪 论

1.1 研究背景与意义

1.1.1 研究背景

我国自2000年步入老龄化社会，老年人口比例逐年攀升，《2020年度国家老龄事业发展公报》显示，截至2020年11月1日零时，我国60周岁及以上老年人口占比达18.70%，全国65周岁及以上老年人口占比达13.50%，全国老年人口抚养比为19.70%，比2010年提高7.80个百分点[1]。绝对基数大与快速老龄化共存、面临“备”“富”不足的双重老龄化挑战、城乡与地区间老龄化发展不均衡等问题凸显。党的十八大、十九大都做出了“积极应对人口老龄化”的战略决策，养老问题已成为政府与公众共同关心的议题。《国家积极应对人口老龄化中长期规划》《“十四五”健康老龄化规划》等一系列规划相继出台，为积极应对我国老龄化状况指明了方向。

我国老年人大多数选择居家和社区养老，形成“9073”的格局，就是90%左右的老年人都在居家养老，7%左右的老年人依托社区支持养老，3%的老年人入住机构养老。随着社会老龄化速度加快、人口跨区域流动、现代家庭结构的变化以及年轻人独立意识的增强，我国的空巢老人数量逐年攀升，预计到2030年，我国老龄人口将近3亿，空巢老人家庭比例或将达到90%。如何顺应老龄化社会的要求，探索适宜的养老模式是亟待解决的问题。机构养老、社区养老、居家养老、医养结合等多种养老模式并存，受文化、经济等因素影响，我国养老机构空置率较高，养老仍趋向“回归社区”“回归家庭”。依托物联网及信息技术的智慧养老模式日渐为人们所关注，探索符合老年人需求、易于普及、技术可行的老年关爱模式对缓解老龄化问题具有重要意义。

1.1.2 研究意义

以智慧养老背景下的老年关爱模式为主要研究目的，为智慧养老模式探索提供新思路，为老年关爱模式建设提供新方法。

(1) 智慧养老目前仍处于试点阶段，各试点具有典型性与差异性，本书将以老年人的养老意愿为出发点，剖析养老意愿的空间格局及其影响因素，结合老年人切实需求，从关爱的角度出发，研究老年人易于接受、适于普及的老年关爱模式，为实现智慧养老模式提供可靠的分析依据。

(2) 遵照老年关爱模式的设计，依托移动GIS(Mobile GIS)原理及传感器技术，完善针对老年关爱模式的空间数据管理与挖掘理论体系，研究符合老年人行为习惯的行动异常检测方法，设计老年人突发危险时的应急预案，构建移动终端应用程序，实现老年关爱系统，为缓解老龄化问题提供实践指导。

1.2 智慧养老研究现状

1.2.1 智慧养老模式的提出

养老问题备受瞩目，各界人士相继提出了多种养老模式，诸如医养结合、旅游养老、以房养老、候鸟养老、异地养老、乡村养老、互助养老、投资养老、积分养老及智慧养老等，加上传统的居家养老、社区养老、机构养老、社会养老和政府养老等概念，养老模式已多达30余种[2]。然而，受文化、经济等因素影响，我国养老仍趋向“回归社区”“回归家庭”[3]。事实上，早在2011年的“十二五”规划中，民政部就明确提出了“9073”养老模式[4]。空巢老人普遍存在的现状、老年人居家养老的意愿，以及居家养老医护费用较高的现实，共同催化了将高新技术应用于养老的需求，智慧养老模式的提出与广泛试点便是这一需求的体现。

智慧养老最早由英国生命信托基金提出，也被称为“全智能老年系统”。其目的在于：打破固有的时间和空间束缚，为老年人提供高质量、高享受的养老服务。其原理是：利用物联网、云计算等技术，实现各类传感器终端和计算机网络的无缝连接，实现对老年人各类信息的监控[5]。我国学者结合国情对智慧养老的概念进行了延伸与细化：郑世宝[6]指出，应开展综合性、线上线下、医养融合、全方位的养老服务；左美云等[2]强调从衣食住行、娱乐、健康等方面为老人提供全面的服务，在帮助老年人提高生活质量的同时，帮助其体现自身的价值与尊严；白玫等[7]认为，应更多地强调智慧，更加关注老人的精神生活层面，也更加注重多个主体（老人、家庭、社区、养老机构等）的协作。

1.2.2 智慧养老模式的研究与发展

近年来涌现了一大批智慧养老服务体系的研究者与建设者，包括专家学者、政府、社会组织及民间团体[8-10]。截至 2022 年 7 月 31 日（如无特殊说明，后续数据均以此时间为截止点），以中国学术期刊网络出版总库（CNKI）为数据源，以“智慧养老”为主题，检索到各类中文文献 3 135 篇，发表年份分布如图 1-1 所示。2010 年《南京日报》《江苏经济报》报道了智慧养老项目在南京鼓楼区试点的情况[11-12]：南大苏富特科技股份有限公司率先利用物联网技术开展“智慧养老”方案，自此拉开了我国智慧养老实践的序幕。2011 年、2012 年，南京邮电大学王欣刚[13]、复旦大学王鑫[14]分别在其硕士论文中研究了智能养老的信息通信平台技术和信息化养老服务系统平台的设计，并把研究成果用于智慧养老系统的 BAN 网关系统，是我国较早的智慧养老研究探索。2013 年，各类文献数量达到 10 篇，北京昌平区北七家镇汇晨老年公寓、上海市长宁区老年健康监护服务信息管理系统、甘肃兰州虚拟养老院均表明智慧

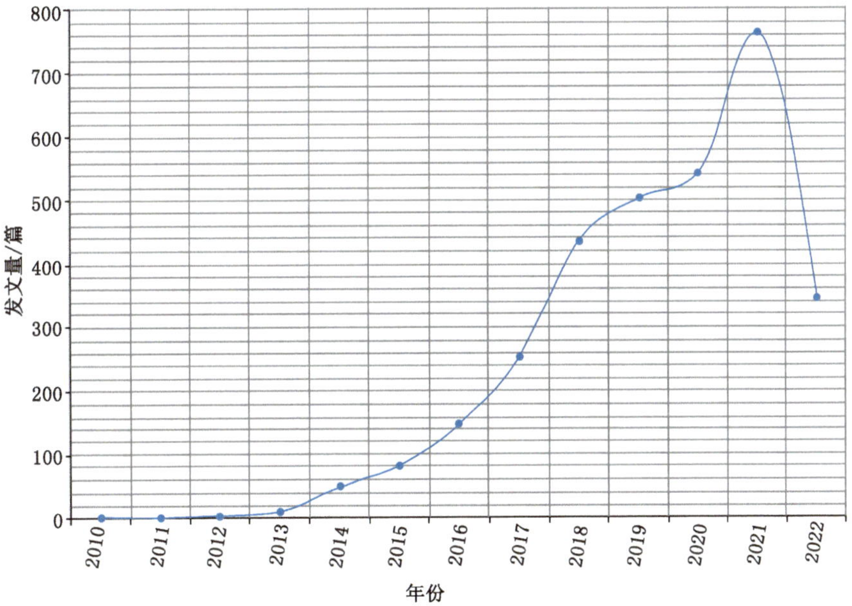

图 1-1 “智慧养老”主题文献发表年份分布

养老已在多地以多种形式落地实现[15-17]，研究侧重点涉及基于 Android 技术的智慧养老平台设计、基于 Web 的物联网应用体系架构和关键技术、养老行业标准化，说明智慧养老研究从技术到体系正在逐渐铺开[18-20]。此后，智慧养老研究发文量逐年攀升，侧面反映出其研究热度与受关注程度。

为聚焦智慧养老学术研究热点，将研究的时间切片设置为 2011—2022 年，在所得 3 149 篇文献中，剔除会议、报纸、特色期刊等非学术性文献 550 篇，剔除非核心期刊文献 1 813 篇，剔除弱相关性学位论文 72 篇，得到有效文献 714 篇。运用 CiteSpace（版本 6.1.R2）、SQL Server 等软件，对作者共被引、合作网络、关键词共现等指标进行分析，梳理我国智慧养老模式研究脉络。

（1）研究区间文献基本信息

如图 1-2、图 1-3 所示，对主要发文作者和单位进行统计，发现发文量较高的研究机构分为以下三类。

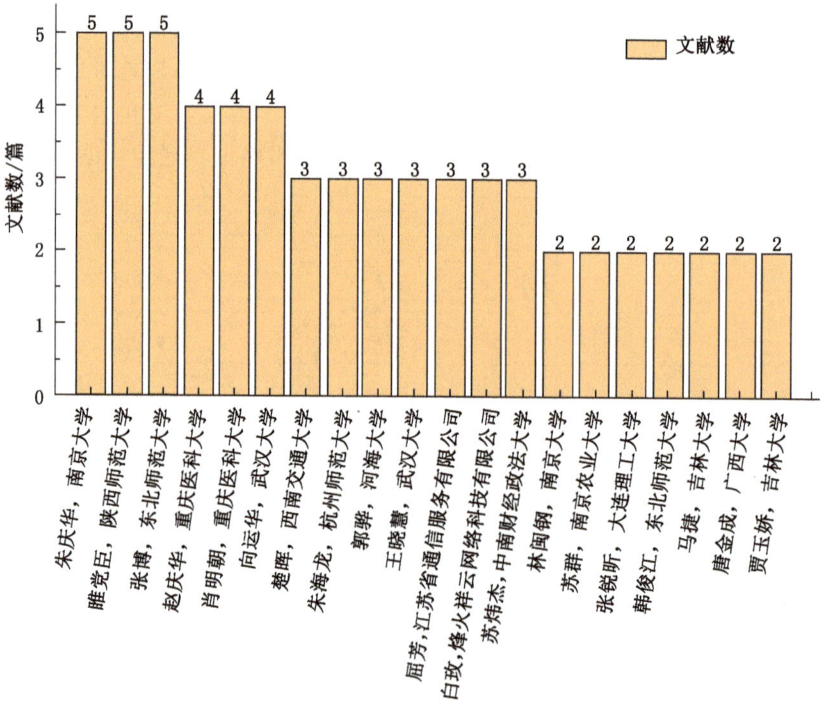

图 1-2 作者期刊发文量前 20 名分布

第一类，具有代表性学者，整体发文量较高。例如，南京大学以朱庆华、林闽钢为代表的研究团队，着力研究智慧养老模式建设、老年人对智慧养老的需

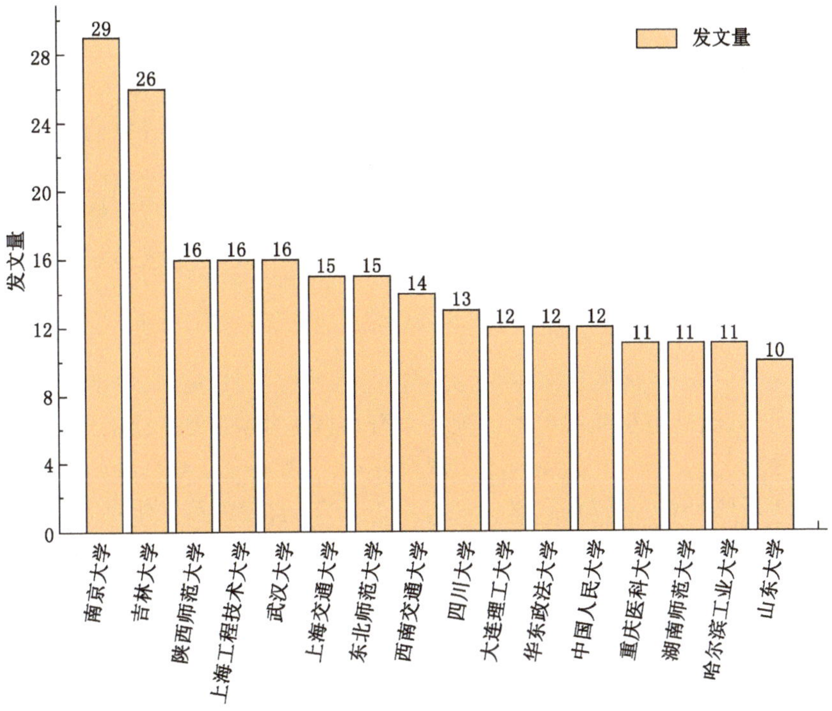

图 1-3　发文量≥10 的机构

求及影响因素，累计发表核心以上期刊论文 7 篇，该校整体发文量位居首位；陕西师范大学以雎党臣等[21-25]为代表的研究团队，聚焦"互联网＋居家养老"的智慧居家养老服务模式，累计发表核心以上期刊论文 5 篇，该校整体发文量位居第 3；武汉大学以向运华、王晓慧为代表的研究团队，以智慧养老服务体系为主要研究对象，累计发表核心以上期刊论文 4 篇[26-29]，该校整体发文量位居第 5；东北师范大学张博、韩俊江重点研究养老产业的发展模式、服务模式，累计发表核心以上期刊论文 5 篇[30-34]，该校整体发文量 15 篇，位居第 7。

第二类，整体发文量较高，但缺乏代表性学者。例如，吉林大学、上海工程技术大学、上海交通大学分别以 26 篇、16 篇、15 篇位列总发文量的第 2、4、6 位，就代表性学者而言，吉林大学马捷、贾玉娇分别发表核心以上期刊论文 2 篇[35-38]，另外两所高校均未有学者发文量跻身前 20 名。

第三类，整体发文量较低，但具有代表性学者。例如，重庆医科大学以肖明朝、赵庆华为代表的研究团队，重点研究医养结合的建设方式、老年人的接受程度以及基于物联网的实现技术，发表核心期刊以上论文 4 篇[39-42]，但该校整体发文量仅列第 13 位。

(2) 研究热点分析

从论文被引频次、关键词两个角度综合研究“智慧养老”研究的热点。一方面，论文被引频次反映出文章的研究价值，同时反映出研究内容的热度，代表当前研究热点或趋势的论文引用频次相应较高。另一方面，关键词是论文研究内容的高度概括，体现出研究的关注点，对关键词进行系统分析有助于把握相关研究领域的热点。

① 文献被引频次分析

如表 1-1 所示，被引频次在 60 次及以上的文献有 20 篇，其中高于 150 次的文献有 6 篇，高被引频次文章的关注点分为两大类：一类是养老模式、养老服务体系与相关对策研究，偏向于宏观设计；另一类是基于物联网的智慧养老实现技术研究，偏向于技术实现。2016 年发表在《新疆师范大学学报（哲学社会科学版）》上的《“互联网＋居家养老”：智慧居家养老服务模式》一文，被引次数远远高于其他文献，被引次数高达 400 次[22]。

表 1-1　被引用次数大于等于 60 的文献

序号	篇名	作者	期刊	年份	被引频次
1	“互联网＋居家养老”：智慧居家养老服务模式	睢党臣，彭庆超	新疆师范大学学报（哲学社会科学版）	2016	400
2	构建科学合理养老服务体系的战略思考与建议	辜胜阻，吴华君，曹冬梅	人口研究	2017	305
3	中国人口老龄化的大趋势、新特点及相应养老政策	翟振武，陈佳鞠，李龙	山东大学学报（哲学社会科学版）	2016	284
4	当前我国智慧养老的主要模式、存在问题与对策	张雷，韩永乐	社会保障研究	2017	162
5	物联网与智慧养老	郑世宝	电视技术	2014	156
6	智慧养老：中国老年照护模式的革新与思考	朱海龙	湖南师范大学社会科学学报	2016	153
7	智慧养老现状分析及发展对策	白玫，朱庆华	现代管理科学	2016	137
8	PPP 模式下养老服务有效供给与实现路径研究	郝涛，徐宏，岳乾月，张淑钢	经济与管理评论	2017	135

表1-1(续)

序号	篇名	作者	期刊	年份	被引频次
9	基于Web的物联网应用体系架构和关键技术研究	吴振宇	北京邮电大学(学位论文)	2013	129
10	信息技术在养老服务业中的应用与对策研究	张丽雅,宋晓阳	科技管理研究	2015	122
11	养护医三位一体:智慧社区居家精细化养老服务体系研究	王宏禹,王啸宇	武汉大学学报(哲学社会科学版)	2018	105
12	养老服务体系创新:智慧养老的地方实践与对策	向运华,姚虹	西安财经学院学报	2016	100
13	智慧养老服务的国家战略需求和关键科学问题	华中生,刘作仪,孟庆峰,雒兴刚,霍宝锋	中国科学基金	2016	84
14	中国新型智慧城市发展进程与趋势	党安荣,甄茂成,王丹,梁军	科技导报	2018	76
15	我国养老服务业发展研究	包世荣	吉林大学(学位论文)	2019	76
16	“互联网+”养老服务模式:机遇、困境与出路	耿永志,王晓波	深圳大学学报(人文社会科学版)	2017	66
17	“互联网+”背景下智慧养老服务模式	闾志俊	中国老年学杂志	2018	64
18	基于产业链整合理论的智慧养老产业优化路径研究	廖喜生,李扬萩,李彦章	中国软科学	2019	63
19	“互联网+”视域下智慧社区养老服务模式	张博	当代经济管理	2019	61
20	智慧养老服务体系及平台构建研究	李彩宁,毕新华	电子政务	2018	60

② 关键词分析

关键词统领论文研究内容,对智慧养老研究的关键词聚类,有助于把握该领域的研究热点、研究趋势。关键词之间的关联性能够反映出研究内容的内在联系[43]。运用CiteSpace软件对已筛选出的714篇有效文献进行关键词共现图谱分析,结果如图1-4所示:图中共有315个节点、726个连接,#0～#10

共 11 个高频关键词，网络密度 0.147。由网络密度可见，智慧养老研究热点相对分散，说明智慧养老建设需要多学科、多领域共同合作。

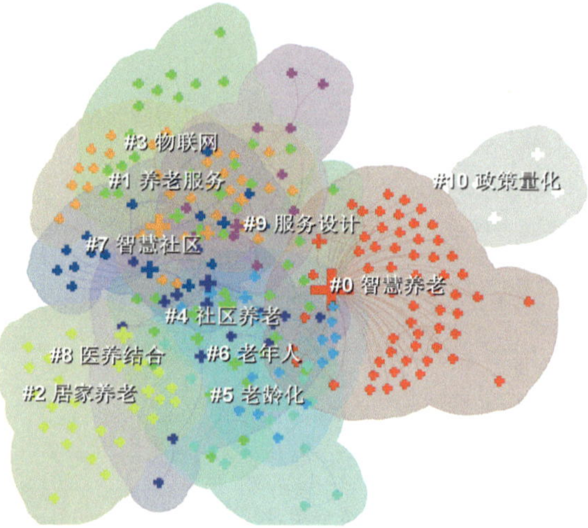

图 1-4　2011—2022 年我国智慧养老研究关键词共现图谱

根据图谱分析得出各关键词的节点中心性，表 1-2 为节点中心性数值大于 0.01 的关键词表格，节点中心性数值反映出关键词的热度。关键词“智慧养老”出现频次最高，节点中心性数值为 1.11，说明该领域是众多学者研究的热点领域。

其后，高频关键词依次为“养老服务”“老年人”“居家养老”“医养结合”“老龄化”“智慧社区”“养老机构”，节点中心性数值均超过 0.05。“养老服务”“老年人”两个关键词体现出智慧养老的本质是关爱老年人、为老年人提供适合的养老服务；“居家养老”“医养结合”“智慧社区”“养老机构”四个关键词，体现了当前具有代表性的四种养老方式，即居家养老、医养结合、社区养老、机构养老；“老龄化”是驱动智慧养老研究的客观因素，随着我国人口老龄化日趋严重，养老、智慧养老的研究重要性日趋显著，研究热度日趋上升。

节点中心性数值为 0.02 的关键词中，“养老产业”“政府”“供给侧”“服务供给”“法律制度”“运行机制”“社会保障”等关键词体现出政府宏观调控对智慧养老模式推进的重要意义；“养老需求”“影响因素”“养老”等关键词体现出实现智慧养老的过程中，老年人作为受众的重要性；“人工智能”“智慧康养”“服务优化”“适老家具”代表了智慧养老的不同实现方向，再一次印证了智慧养老建设需要多学科、多领域共同合作。

表 1-2 节点中心性数值大于 0.01 的关键词统计

频次	中心性数值	年份	关键词	频次	中心性数值	年份	关键词
301	1.11	2011	智慧养老	16	0.03	2017	影响因素
86	0.18	2011	养老服务	8	0.02	2016	养老需求
34	0.10	2016	老年人	7	0.02	2017	养老
37	0.08	2014	居家养老	19	0.02	2017	养老产业
33	0.07	2016	医养结合	2	0.02	2017	政府
48	0.07	2016	老龄化	15	0.02	2018	人工智能
29	0.06	2015	智慧社区	4	0.02	2018	供给侧
17	0.06	2017	养老机构	2	0.02	2018	服务供给
16	0.06	2017	服务设计	2	0.02	2018	法律制度
25	0.05	2015	养老模式	3	0.02	2018	运行机制
34	0.05	2015	社区养老	2	0.02	2019	智慧康养
20	0.04	2013	物联网	3	0.02	2019	服务优化
27	0.04	2016	互联网＋	5	0.02	2019	社会保障
5	0.03	2015	信息化	2	0.02	2021	适老家具

③ 研究演进分析

运用 CiteSpace 软件制作关键词共现时序图、可视化关键词共被引网络，相同聚类的关键词被置于同一水平线上，关键词的时间置于视图最上方，越向右，则关键词的时间越新。时间线视图中，用户可以清晰地得到各个聚类中关键词的数量情况和研究的宽度。聚类中文献越多，则代表该聚类领域越重要；时间跨度越大，则反映该聚类持续的时间越长，可以从时间维度分析知识演进过程[44-45]。图 1-5 为 2011—2022 年我国智慧养老研究关键词共现时序图，展现了我国智慧养老研究探索以来 12 年间的研究热点演进脉络。在关键词共现时序的基础上，进行关键词突发性探测分析，是一种度量更深变化层次的手段，可直观地探测研究领域的学科前沿[46]。通过设置软件参数，共得出 20 个突变关键，图 1-6 分别依据关键词出现时间、关键词强度对突变关键词进行了排序。综合关键词共现时序图、关键词突现列表，结合“智慧养老”主题文献发表年份分布(图 1-1)，可分析出我国智慧养老研究在不同时期的演进过程。

研究前期，2011 年智慧养老探索伊始，政策导向、宏观调控起到了大幅度的引导、推动作用，“政策效力”“政策量化”“政策目标”“政策工具”等关键词的强度在所有关键词中稳居前列，这种导向作用持续到 2016 年左右。同时，“大

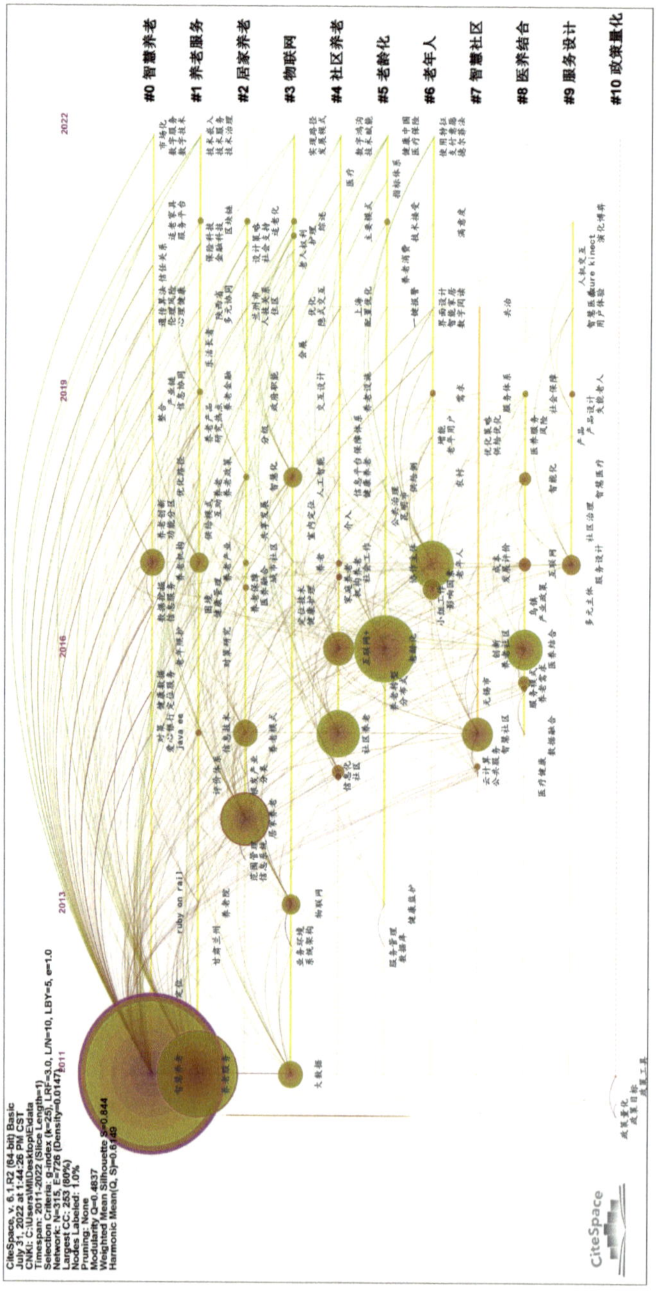

图1-5　2011—2022年我国智慧养老研究关键词共现时序图

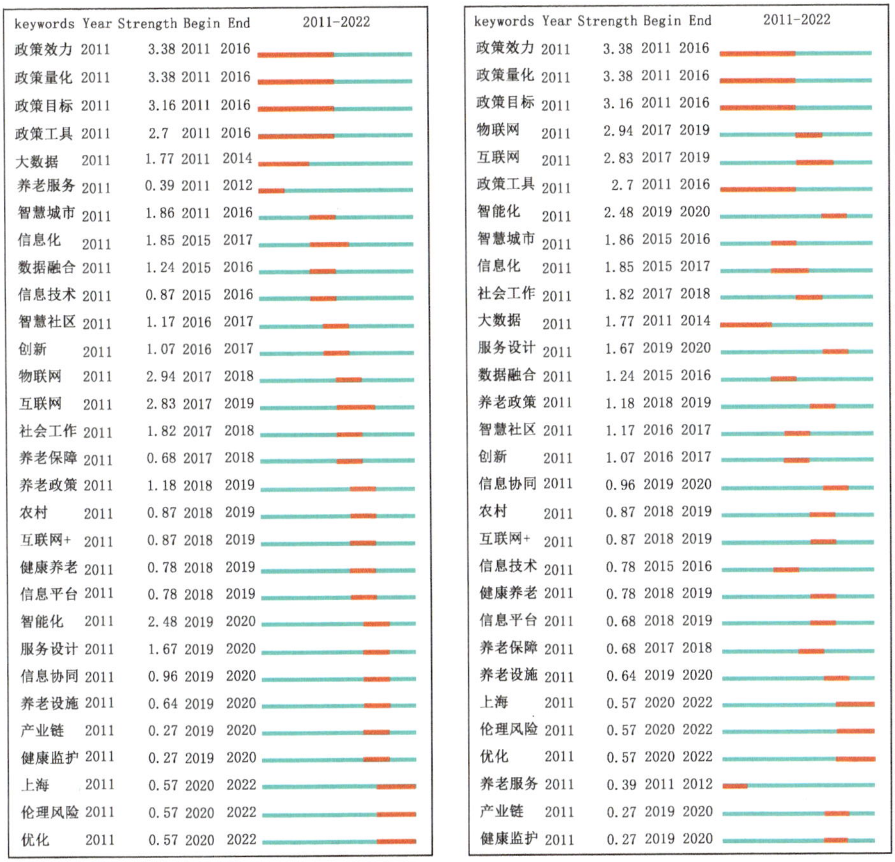

图 1-6　2011—2022 年关键词突现列表

数据”“养老服务”两个关键词自 2011 就已被重视，前者代表了智慧养老的技术实现途径，后者体现了智慧养老的建设方向与本质。

2015 年 10 月，我国全面实施一对夫妇可生育两个孩子政策，积极开展应对人口老龄化行动。自此，智慧养老研究进入高速发展期，持续到 2018 年，其间，“智慧城市”“信息化”“数据融合”“信息技术”“智慧社区”“创新”等关键词代表了技术实现的演进方向，尤其是“物联网”“互联网”的强度分别达到2.94、2.83，代表了该时期的研究热点。“社会工作”“养老保障”两个关键词在 2017—2018 年间突变，说明有部分学者关注社会保障工作对智慧养老研究的积极促进作用。

2018—2020 年，智慧养老研究发展速度相对减缓，其间的技术研究热点转移为“互联网＋”“信息平台”“智能化”“信息协同”“健康监护”等关键词，其中“智能化”在 2019—2020 年间研究热度最高。同期，“养老政策”再度成为研究热点，“服务设计”“养老政策”“农村”“健康养老”“养老设施”“产业链”等成为研究的新关注点。说明此期间智慧养老研究正向着立体化的方向发展。

2021 年，我国全面放开三孩生育政策，从侧面说明了我国积极应对人口老龄化的决心，同时促进了智慧养老研究再度加速。但是，该期间尚未有关键词突现，表明研究仍持续之前的方向。

（3）智慧养老实现状况

目前，我国正逐步探索适应我国国情的智能化养老模式。各级政府积极践行国家“积极应对人口老龄化”的战略决策，并将“互联网＋”元素融入养老模式：北京推广具有大数据采集分析功能的养老助残卡；厦门为老年人提供具备一键式呼叫救护功能的智能化手环；南京整合家政、物业、餐饮、物流等多个行业为老年人打造综合性服务平台；上海、山东、福建等地将互联网与养老服务相结合，进行了一系列尝试[3,47]。一批高新企业亦致力于智慧养老产品研究，例如：北斗中航公司依托北斗导航系统推出北斗爱智卡，该产品是为老幼群体提供定位求助、数字化管理和通信、消费等各种服务的智能终端[48]。

近年来涌现了一大批智慧养老服务体系的研究者与建设者，包括专家学者、政府、社会组织及民间团体[49]。居家养老是我国养老的主要趋势，也是智慧养老的主要研究方向之一。在技术层面，物联网、传感器技术、GPS、北斗等技术已被广泛应用于居家养老。例如：老人若在家中摔倒，地面的安全传感器立即通知此前协议约定的医护人员和老人亲属；如果正在煮的东西长时间无人问津，则厨房的传感器发出警报，提醒健忘的老人，若老人已经外出，传感器发出警报一段时间无人响应，则自动关闭煤气[50]；利用红外扫描技术进行室内扫描，若老人长时间在家而未走动，则有可能患病或发生意外；若老人走失时按下手机背面 SOS 键，则可直接呼叫子女，子女可通过专用 App 获取老人的位置及运动轨迹[51]。智慧养老还能够推出多元化的服务模式、提供个性化的定制服务，满足不同层次老年人的需求[52]。由此可见，目前的智慧养老模式呈现出层次的多样性、受众的差异性、产品的个性化等特征。

虽然对智慧养老的研究日渐深入，其试点也广泛铺开，但是，智慧养老模式的实践过程中仍存在一些问题。首先，优质的智慧养老项目覆盖面过窄，例如：烟台、南京、北京等地的智慧养老项目仅覆盖了部分小区和福利院，城区大部、郊区、农村鲜有覆盖。其次，部分智慧养老项目定位于为老年人提供全方位的服务，存在一定建设难度，因为，牵涉多个行业、部门，需要依托专门的软硬件服务体系。最后，养老信息化建设滞后，智慧养老面临技术发展障碍，这也是制约智慧养老项目推广的关键因素。

1.2.3　智慧养老网络关注度

百度指数是以百度网民搜索行为数据为基础的分析工具，对关键词的搜索数据进行统计，可以深度挖掘网络舆情、市场需求、用户兴趣等多方面的特征[53]。以“智慧养老”为关键词，设置查询时间窗口为 2017 年 1 月 1 日至 2022 年 7 月 31 日，逐日统计该期间的网络搜索量，分别统计我国 34 个省(自治区、直辖市)的“智慧养老”网络关注度，分析时间、空间网络关注度差异。

(1) 智慧养老网络关注度的时间分布特征分析

将智慧养老网络关注度指数按年份、月份汇总求日均值，结果如表 1-3 所示。2017—2022 年，智慧养老网络关注度持续上升，由 2017 年日均 36.33 一路攀升至 2022 年的 82.57，年均增幅 18%，其中 2018 年、2020 年、2022 年增幅分别为 28%、24%、20%，说明就总体数量而言我国民众对智慧养老的认可度、关注度持续上升。如图 1-7 所示，2017—2022 年各省(市、区)月度平均智慧养老网络关注度指数，总体呈现逐年上升趋势。仅有内蒙古、宁夏、青海、西藏、香港 5 地出现波动，或与上述地区总体网络关注度较低、偶然性较强有关。

表 1-3　2017—2022 年全国各月的日均值智慧养老网络关注度指数

月份	2017 年	2018 年	2019 年	2020 年	2021 年	2022 年	均值
1	19.00	50.00	43.00	34.00	65.00	66.00	46.17
2	35.00	29.00	31.00	44.00	48.00	79.00	44.33
3	40.00	52.00	53.00	62.00	78.00	98.00	63.83
4	33.00	50.00	59.00	68.00	73.00	99.00	63.67
5	37.00	52.00	62.00	65.00	72.00	92.00	63.33
6	36.00	54.00	49.00	66.00	71.00	75.00	58.50
7	36.00	48.00	55.00	72.00	62.00	69.00	57.00
8	40.00	41.00	48.00	63.00	57.00	—	49.80
9	38.00	39.00	42.00	71.00	71.00	—	52.20
10	36.00	46.00	46.00	58.00	71.00	—	51.40
11	43.00	50.00	55.00	69.00	80.00	—	59.40
12	43.00	47.00	52.00	67.00	76.00	—	57.00
均值	36.33	46.50	49.58	61.58	68.67	82.57	—

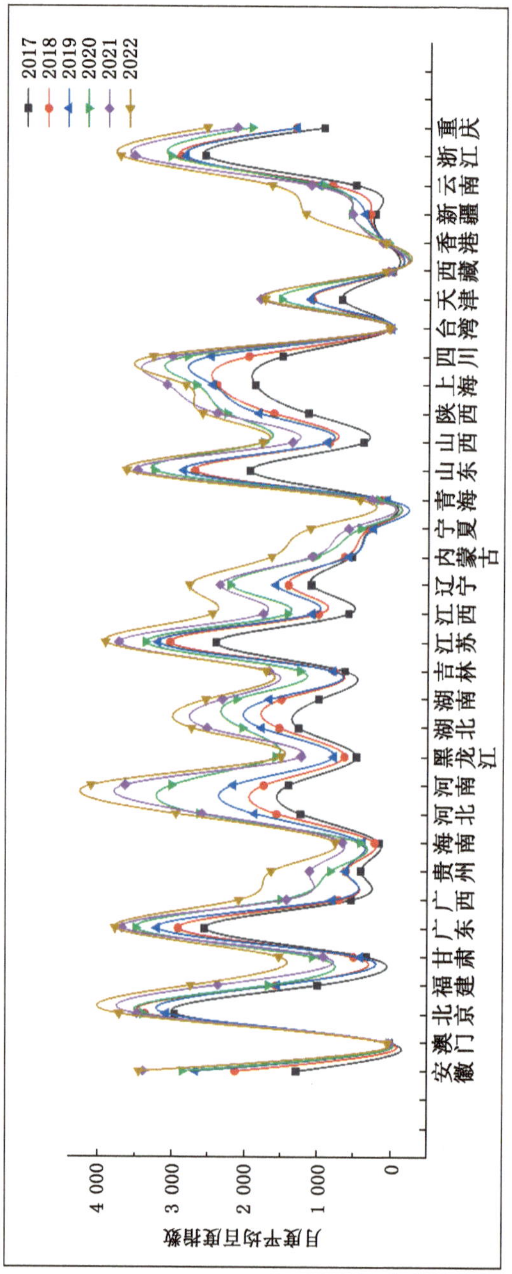

图1-7　2017—2022年全国各省（市、区）智慧养老网络关注度指数

如表 1-3 所示，就月份差异而言，3 月、4 月、5 月的日平均值均高于 63，显著领先于其他月份；下半年的 11 月、12 月的日平均值均不低于 57，处于次级领先地位。网络关注度较高的月份，避开了传统节日春节，或与我国阖家团圆、居家养老的习俗有关。同时，避开了夏秋季节，或与老年人夏秋季节易发生疾病有关。

(2) 智慧养老网络关注度的空间分布特征分析

将智慧养老网络关注度指数按年份、省(市、区)汇总求月平均值，并按照 2017—2022 年均值排序，结果如表 1-4 所示。其中，“变化过程”列描述格式为“2017 年位序，2018—2022 年变化位序，2022 年位序”，“位序变化”列为“2022 年相较 2017 年变化位序”。

表 1-4　2017—2022 年全国各省(市、区)智慧养老网络关注度指数月均值

序号	省(市、区)	2017	2018	2019	2020	2021	2022	平均值	变化过程	位序变化
1	北京	2 955	3 356	3 073	3 391	3 471	3 709	3 326	1,——,↓2,↑1,↓4,↑1,5	↓4
2	江苏	2 400	3 028	3 196	3 372	3 726	3 910	3 272	4,↑2,——,↓1,↑2,↓1,2	↑2
3	广东	2 542	2 907	3 205	3 492	3 672	3 766	3 264	3,↓1,↑3,——,↓1,↓1,3	——
4	浙江	2 575	2 907	2 840	3 048	3 542	3 729	3 107	2,↓1,↓2,——,↑1,——,4	↓2
5	山东	1 943	2 694	2 853	3 259	3 487	3 631	2 978	5,——,↑1,——,↓1,↓1,6	↓1
6	河南	1 401	1 743	2 160	3 008	3 637	4 099	2 675	8,↓1,——,↑3,↑3,↑2,1	↑7
7	安徽	1 288	2 122	2 662	2 853	3 386	3 443	2 626	9,↑2,↑1,↓1,——,——,7	↑2
8	上海	1 882	2 401	2 461	2 684	3 090	2 827	2 557	6,——,↓2,↓1,↑1,↓2,10	↓4
9	四川	1 506	1 971	2 488	2 807	3 012	3 278	2 510	7,↓1,↑1,↓1,↓1,↑1,8	↓1
10	河北	1 235	1 561	1 865	2 624	2 582	2 942	2 135	11,↓1,↑2,——,——,↑1,9	↑2
11	湖北	1 262	1 530	1 775	2 041	2 518	2 731	1 976	10,↓3,↑1,↓2,↑3,↓2,13	↓3
12	陕西	1 146	1 620	1 828	2 267	2 394	2 591	1 974	12,↑2,↓1,——,↓1,↓2,14	↓2
13	辽宁	1 101	1 411	1 589	2 211	2 353	2 764	1 905	13,↓2,↑1,↑2,↓2,↑3,11	↑2
14	湖南	985	1 502	1 668	2 122	2 308	2 534	1 853	15,↑1,↑1,——,↓2,↓1,16	↓1
15	福建	995	1 562	1 547	1 676	2 362	2 734	1 813	14,↑3,↓4,↓2,↑4,↑1,12	↑2
16	重庆	944	1 334	1 327	1 948	2 145	2 547	1 707	16,——,——,↑1,↓1,↑1,15	↑1
17	江西	582	997	1 089	1 427	1 760	2 449	1 384	19,↑1,——,↓3,↑3,↑1,17	↑2
18	天津	694	1 106	1 128	1 536	1 819	1 752	1 339	17,——,——,↓2,↑2,↓3,20	↓3

表 1-4(续)

序号	省(市、区)	2017	2018	2019	2020	2021	2022	平均值	变化过程	位序变化
19	广西	531	702	790	1 510	1 424	2 078	1 172	21,↓1,↑1,↑1,——,↑2,18	↑3
20	山西	384	856	888	1 762	1 364	1 772	1 171	25,↑6,↓1,↑4,↓5,↑2,19	↑6
21	吉林	634	774	790	1 247	1 674	1 714	1 139	18,↓3,↓1,——,↑3,↓2,21	↓3
22	黑龙江	464	630	784	1 585	1 227	1 505	1 032	23,↓1,↑1,↑5,↓4,↓4,26	↓3
23	云南	505	830	1 018	951	1 126	1 663	1 016	22,↑2,↑1,↓6,↑2,↑1,22	——
24	内蒙古	539	642	582	1 044	1 095	1 643	924	20,↓3,↓2,↑1,↓1,↑2,23	↓3
25	贵州	402	608	612	829	1 111	1 637	866	24,↓1,↑1,↓2,↑2,——,24	——
26	甘肃	327	497	408	1 072	916	1 530	792	26,——,——,↑3,↓3,↑1,25	↑1
27	新疆	250	312	385	577	554	1 200	546	28,↑1,——,——,↓2,↑2,27	↑1
28	宁夏	281	307	248	422	588	1 112	493	27,↓1,↓1,↑1,——,——,28	↓1
29	海南	146	214	385	417	656	757	429	29,——,↑1,↓1,↑2,↓2,29	——
30	青海	110	138	62	176	268	435	198	30,——,↓1,↑1,——,——,30	——
31	香港	96	105	86	67	144	98	99	31,——,↑1,↓1,——,↓1,32	↓1
32	西藏	5	5	19	43	67	100	40	33,↓1,↑2,——,——,↑1,31	↑2
33	台湾	29	39	14	14	24	41	27	32,——,↓1,——,——,——,33	↓1
34	澳门	5	10	5	10	14	33	13	34,↑1,↓1,——,——,——,34	——

依据表 1-4,绘制网络关注度变化曲线图,如图 1-8 所示。数据显示,不同省(市)的智慧养老网络关注度差异较大。

(1) 网络关注度排序持续靠前省(市、区)。北京、江苏、广东、浙江、山东五省(市)的关注度持续较高,除山东省 2022 年智慧养老网络关注度月均值排在第 6 位外,上述五省(市)各年份的关注度、年度均值均保持在全国前 5 名。除广东省稳定在第 3 名外,北京市下降幅度较为明显,降幅为 4 位;江苏上升 2 位,浙江下降 2 位,变化幅度较小。

(2) 网络关注度排序显著上升省(市、区)。2017—2022 年,河南、陕西的智慧养老网络关注度排序显著上升。河南省 2017 年排序为第 8 名,到 2022 年排序上升 7 位,至第一名,各年均值为第 6 名,属于网络关注度较高的省份。陕西省 2017 年排序为第 25 名,到 2022 年排序上升 6 位,至第 19 名,各年均值为第 20 名,属于网络关注度居中略后的省份,但其显著上升趋势说明了陕西省大众对智慧养老日益关注。

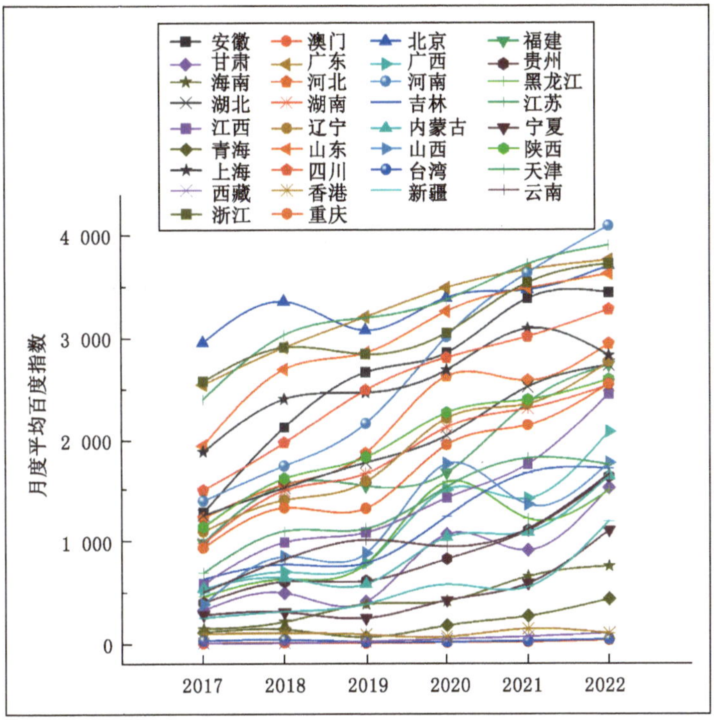

图 1-8　2017—2022 年全国各省(市、区)网络关注度指数月均值变化曲线

(3) 网络关注度排序持续靠后省(市、区)。青海、香港、西藏、台湾、澳门五省(市、特别行政区)的关注度较低,2017—2022 年上述五省(市、区)的排名稳定在后 5 名。其中,西藏自治区排名 2018 年略有下降,但 2019 年、2022 年分别上升了 2 位、1 位,总体上升 2 位。香港、台湾两地分别下降 1 位,总体排位变化不明显。

(4) 网络关注度排序显著下降省(市、区)。共 15 省(市、区)智慧养老网络关注度有所下降,降幅均较小。北京市由第 1 位降至第 5 位,降幅最大,但总体关注度较高。湖北、天津、吉林、黑龙江、内蒙古五地降幅均为 3 位,除湖北外,其余省份关注度总体较低。

为深入剖析我国智慧养老网络关注度的空间特征,在 ArcGIS 软件中采用自然间断法对 2017—2022 年各省(市、区)网络关注度均值符号化。其中,北京、江苏、广东、浙江、山东、河南、安徽、上海、四川 8 个省(市)的关注度较高,属于高关注地区;青海、香港、西藏、台湾、澳门 5 地关注度较低,属于低关注地区；甘肃、新疆、宁夏、海南属于较低关注地区。智慧养老网络关注度总体呈现出由东南向西北逐渐减弱的趋势。

同时，采用标准差椭圆来展示网络关注度的空间特征，包括中心趋势、离散以及方向趋势。如表1-5所示，2017—2022年我国智慧养老网络关注度的中心持续向西北方向前移，说明了网络关注程度逐渐由东南等经济发达地区向西北内陆地区扩散。

表1-5 2017—2022年全国智慧养老网络关注度标准差椭圆信息

年份	中心经度/(°)	中心纬度/(°)	旋转角度/(°)
2017	33.040 463	114.987 274	52.109 002
2018	32.977 496	114.830 533	53.447 712
2019	32.847 117	114.683 998	53.733 306
2020	33.392 964	114.488 943	54.471 086
2021	33.066 824	114.535 553	54.420 596
2022	33.140 113	113.852 965	63.071 413

空间自相关分析用于判定某一变量在空间上的相关性以及关联的程度[54]，因此，采用Moran's I指数来判断智慧养老网络关注度在不同区域上空间分布的自相关性。公式为：

$$I=\frac{N\sum_{i=1}^{n}\sum_{j=1}^{n}w_{ij}\,(x_i-\bar{x})\,(x_j-\bar{x})}{\sum_{i=1}^{n}\sum_{j=1}^{n}w_{ij}\sum_{j=1}^{n}\,(x_j-\bar{x})^2} \tag{1-1}$$

2017—2022年全国智慧养老网络关注度空间自相关性计算结果如表1-6所示。其中，p值为置信度，小于0.1时有效；z得分与p值对应，大于1.65有效；I在区间$[-1,1]$上取值，当$I>0$时，表示网络关注度在空间上呈正相关关系；当$I<0$时，表示网络关注度在空间上呈负相关关系；当$I=0$时，表示网络关注度在空间上无相关性。由表1-6可见，2017—2022年p值均小于0.1，z得分均大于1.65，所以计算结果均有效，而且，p值总体呈现逐年减小的趋势，z得分总体呈现逐年增大的趋势，置信度逐年提高。I取值位于[0.104,0.223]，说明我国智慧养老网络关注度在空间上呈现正相关性，且相关性总体呈现逐年增强的趋势，表明智慧养老网络关注度的空间集聚效应趋于明显。此

外，2022 年的 p 值、z 得分、I 取值均较总体趋势有所回落，或与 2022 年取值仅有 1—7 月有关，研究时所取得最新数据为 2022 年 7 月份百度指数。

表 1-6 2017—2022 年全国智慧养老网络关注度空间自相关性

指标	2017 年	2018 年	2019 年	2020 年	2021 年	2022 年
p 值	0.077	0.007	0.008	0.003	0.001	0.002
z 得分	1.771	2.695	2.646	2.976	3.278	2.987
Moran's I 指数	0.104	0.176	0.174	0.200	0.223	0.200

1.3 老年关爱模式的研究定位

信息技术是智慧养老的有力支撑，信息技术的选择以及智慧养老功能的设置应以老年人切实需求为出发点，避免贪大求全。根据健康状况可将老年人分为四类，即健康、基本健康、不健康但生活能自理、生活不能自理[55]，其中第四类老人通常成为研究重点，然而，前三类老年人的状况同样值得关注，以避免潜在的危险发生，因此，本书拟将这三类人作为研究对象。就已有居家养老模式而言，通常为老年人设置如表 1-7 所示三类功能[26,56]。

表 1-7 居家养老功能列表

类别	功能描述
基本功能	信息采集、紧急呼叫、轨迹回放、备忘提醒
医疗功能	健康信息采集、远程医疗
休闲功能	网上商城、情感关怀、远程文娱
延伸功能	远程教育、法律维护

考虑到老年人生活实际情况，上述功能中：休闲功能及延伸功能可由老年人周围的其他方式（如电视、电脑等）代替，或者老年人较少使用（如网上商城、远程教育）；医疗方面，老年人更倾向于传统医疗方式。针对非生活不能自理老年人的智慧养老模式应为此类老年人提供基本服务，以关爱为出发点，关注老年人健康状况，提供突发状况应急救助预案，构建适宜的老年关爱模式。

鉴于此类老人生活能够自理、外出方便，故应重点考虑如何为其提供随身关爱。如果为老年人提供独立的产品无疑会增加其负担，如果依靠城市、社区或家庭中的传感器无疑会增加成本。近年,国内外已有多款针对老年人应用特点的手机产品,例如:首信推出的"雅信"系列手机、新加坡一家 IT 企业推出的名为 Silverline 的智能系统、日本富士通推出的 RakuRaku[57-59],所以,本书拟依托使用率较高的手机为平台,利用手机自带传感器研究并构建老年关爱模式。

在此方面,移动地理信息系统(移动 GIS)具有较为成熟的原理与方法,结合传感器技术,可为智慧养老背景下老年关爱模式的实现提供有力的技术支持。移动 GIS,是以移动互联网为支撑,以智能手机或平板电脑为终端,结合北斗、GPS 或基站为定位手段的 GIS 系统[60],能够为分析处理老年人所在位置、出行轨迹、就医路线提供良好的理论支撑与技术支持。手机自带的传感器已被广泛用于判断人体的运动状态,例如:老年人是否摔倒[61-62]。

综上所述,在智慧养老背景下,本书旨在以具有生活自理能力的老年人为服务对象,从关爱的角度出发,分析老年人切实需求,依托手机平台,综合利用移动 GIS 理论与方法及传感器技术,研究并构建具有普适性的老年关爱模式,以期为缓解我国老龄化问题贡献力量。

第 2 章　养老意愿空间格局

2.1　研究区域概况

我国幅员辽阔，为方便行政管理和研究，通常意义上，以地理、气候、经济、行政管理为参照划分全部国土区域，形成了我国的四种地理区划。依据地理位置、自然与人文地理特点，以秦岭淮河一线、大兴安岭-阴山-贺兰山、昆仑山脉-祁连山脉-横断山脉为划分界线，将我国划分为四大地理区域，即北方地区、南方地区、西北地区和青藏地区，称为“四大地理分区”。按照国家政策，在全国设立直辖行政区，即华北地区、东北地区、华东地区、中南地区、西南地区、西北地区，称为“六大地理分区”。依据地理方位和我国各地气温、雨量、风力等地理因素，考虑中国边界形状的特点，结合行政区划，一级地理区域划分为华东、华北、华中、华南、西南、西北、东北，称为“七大地理分区”。根据我国经济发展新形势和各地区经济社会发展的主要内容，划分为东部地区、东北地区、中部地区和西部地区，称为“四大经济分区”。

养老意愿是居民对养老的看法和选择，体现居民对晚年养老方式和生活的期望。研究居民养老意愿，调查居民养老意愿的偏好情况和老年生活状态，选取不同地理空间和经济社会水平的地区，以体现发达地区与欠发达地区居民的养老意愿和养老生活差异，故而选取结合地理和行政社会的综合地理区划“七大地理分区”。

依据经济水平和内陆沿海的地理空间，选取西北地区、华中地区和东部沿海地区作为研究区。西北地区包括新疆维吾尔自治区、宁夏回族自治区、陕西省、甘肃省以及青海省。新疆维吾尔自治区和青海省幅员辽阔但人口密度较低，养老机构数量较少，不适宜开展问卷调查；宁夏回族自治区和陕西省位于西北地区偏东部，而甘肃省位于西北地区中心位置，综合考量决定以甘肃省为西北地区代表进行问卷调查。甘肃省简称“甘”，省会兰州市，位于我国西北地区、黄河上游，东接陕西，南临四川，西连青海、新疆，北靠内蒙古、宁夏。截至

2020年年末，甘肃省下辖12个地级市、2个自治州。第七次全国人口普查常住人口2 501.98万人，其中60岁及以上人口为426.1万人，占17.03%，城镇人口1 306.73万人，约占总人口的52.23%，农村人口1 195.25万人，约占总人口的47.77%；人口平均预期寿命72.23岁。2020年，全省地区生产总值9 016.7亿元，比上年增长3.9%，位列西北地区第2名，全国第27名；人均生产总值34 059元，位列西北地区第5名，全国第31名；全省一般公共预算收入874.5亿元，一般公共预算支出4 154.9亿元。

华中地区包括河南省、湖北省以及湖南省。河南省作为全国人口数量第三、华中地区人口数量第一、拥有60岁以上人口数量最多的省份，所面临的人口老龄化态势也是最为严峻的。日趋严峻的老龄化发展态势向河南省养老保障体系提出了严峻的挑战。因此选取河南省为华中地区的代表进行问卷调查。河南省简称“豫”，省会郑州市，位于中国中部，东临安徽、山东，西接陕西，南临湖北，北接河北、陕西。河南省下辖17个地级市，1个省直辖县级市。第七次全国人口普查常住人口9 936.55万人，其中60岁及以上人口为1 796.40万人，占18.08%，城镇人口5 507.86万人，约占总人口的55.43%，农村人口4 428.70万人，约占总人口的44.57%，人口平均预期寿命77.7岁。2020年，全省地区生产总值54 997.07亿元，比上年增长了1.3%，位列华中地区第1名，全国第5名；人均生产总值57 051元，位列华中地区第3名，全国第18名；全省一般公共预算收入4 155.22亿元，一般公共预算支出10 382.77亿元。

华东沿海地区包括山东省、江苏省、浙江省、福建省以及上海市。根据各省生产总值以及人均生产总值排名，选取排名的中位数即浙江省为华东沿海地区的代表进行问卷调查。浙江省简称“浙”，省会杭州市，位于长江三角洲地区，中国东南沿海，东临东海，南邻福建，西连安徽、江西，北接上海、江苏。浙江省下辖11个地级市。第七次全国人口普查常住人口6 456.76万人，其中60岁及以上人口为1 207.27万人，占18.70%，城镇人口4 659.85万人，约占总人口的72.17%，农村人口1 796.91万人，约占总人口的27.83%，人口平均预期寿命79.47岁。2020年，全省地区生产总值64 613亿元，比上年增长3.6%，位列华东沿海地区第2名，全国第4名；人均生产总值100 620元，是全国平均水平的1.4倍，位列华东沿海地区第3名，全国第5名；全省一般公共预算收入7 248亿元，一般公共预算支出10 081.98亿元。

选取甘肃省、河南省、浙江省为代表，调查并分析西北地区、华中地区和东部沿海地区居民的养老意愿。基础地理数据来自全国地理信息资源目录服务系统，社会经济统计数据来自各省最新的统计年鉴和国家统计局数据，居民养老意愿和个人信息数据通过问卷调查的方式，借助见数（Credamo）数据集市发放问卷，并采集本地居民的问卷数据，以保证数据体现的是本省份居民的养老意愿，地理空间对比更加真实确切。

2.2　问卷设计与特征统计

2.2.1　设计标准与参考

调查居民的养老意愿需基于居民基本情况调查，养老意愿的选择一般取决于老人的个人属性和社会属性，如年龄、健康水平、家庭情况、收入等。根据前人的研究，问卷一般包括年龄、性别、婚姻、健康、居住、学历、子女数、收入等人口学基本信息[63-68]，根据研究的特定性，有感知障碍、感知利益、医疗支出与保险、社会化养老认知等内容[69-72]。如徐明江等[73]通过一问一答的方式便利抽样调查南宁市 60 岁及以上老年人的社区居家养老意愿，调查内容包括基本资料、社区居家养老服务需求情况和养老方式选择情况，基本资料有性别、年龄、婚姻状况、户籍、受教育程度、月收入、收入来源、居住情况等，养老方式有家庭养老、社区居家养老、机构养老；李贝等[74]采用多阶段系统随机抽样方法调查广州市 60 岁及以上老年人的养老模式选择意愿，涉及个人特征、健康状况、养老认知、子女支持度、生活条件与习惯 5 个维度、17 个解释变量，具体有年龄、性别、收入水平、文化程度、房产、婚姻情况、健康状况等；周翔等[75]利用随机抽样的方法调查长株潭地区 60 岁及以上老年人的社区养老意愿，从个体特征、家庭特征、经济特征方面调查性别、年龄、文化程度、自感身体状况、婚姻状况、家庭收入、自感收入水平、是否有稳定经济来源等基本特征。

考虑自身的地理空间局限性，借助见数的数据集市调查，为保证问卷数量足够，以每个区县两份的标准发放问卷；参照前人调查方法与内容，选取的基本特征有性别、年龄、婚姻状况、学历、居住情况、健康状况、收入来源；考虑到老人的网络交流不对等性，问卷作答者一般为青年、中年，故在设计问卷时对以上选取的基本特征，加入老人基本情况的调查，由网络交流便捷的作答者选择家庭或家族中的一名老人，回答老人的相关问题。

（1）年龄

年龄结构依据相关标准进行划分，然而不同区域的划分标准不尽相同，如表 2-1 所示。参照世界卫生组织和我国的相关规定，以 60 岁以上的人群为老年人，作答者以 15 岁为起始标准，以 5 岁为间隔划分年龄类别，区分青年、中年、年轻老人、老人、长寿老人等年龄期，便于后期各类统计工作的开展。

表 2-1　年龄结构划分方法

适用区域或标准	人群称谓	年龄范围/周岁
世界卫生组织的规定（2017 年）	青年人	15～44
	中年人	45～59
	年轻老年人	60～74
	老年人	75～89
	长寿老年人	90 以上
部分西方发达国家	初老期	45～64
	老年期	65～89
	老寿期	90 以上
部分发展中国家	老年期限（男子）	55
	老年期限（女子）	50
	老年人	60
中国《老年人权益保障法》	老年人（花甲）	60

（2）婚姻和健康

国际标准化管理委员会结合有关部委意见，依据目前法律规定，于 2003 年发布了个人基本信息分类与代码的国家标准文件（GB/T 2261.1—2003），其中规定了我国公民的婚姻和健康状况分类，如表 2-2 所示。考虑到问卷设计的简洁易懂，以分类的四大类划分被试者的婚姻状况；顾及被试者的人伦情感和健康隐私，更换四个大类的描述语句，将 1、2 大类称为完全健康和基本健康，将 3、6 大类称为患病但生活基本自理、患病且生活不能自理[76-77]。

表 2-2　婚姻和健康状况分类

代码	大类	小类	说明
10	未婚		未办理婚姻登记
20	已婚	初婚	第一次结婚
		再婚	丧偶或离婚后与第三人结婚
		复婚	离婚后又与同一人结婚
30	丧偶		
40	离婚		

表 2-2(续)

代码	大类	小类	说明
1	健康或良好		人体状况良好
2	一般或较弱		人体状况正常，但体质较弱
3	有慢性病		有慢性疾病
6	残疾		心理、人体结构功能丧失或不正常

(3) 学历

学历是一个人接受科学文化知识训练并获得由国家认可的文凭颁发权力的学校及其他教育机构所颁发的学历证书，便具有相应层次的学历。就现阶段我国的教育体制而言，学历分为三个层次和三个类别，国家标准全文公开系统中的现行学历代码标准(GB/T 4658—2006)将学历分为 9 大类，如表 2-3 所示。受时代影响，当今老年人学历水平普遍属于初等基础教育，问卷的学历类别需使用细分的国家标准分类，并合并隶属一个学历层次的中等职业教育和普通高级中学教育，以减少作答任务量。顾及语言的通俗易懂性，学历类别描述为小学、初中、高中/中专/职高、专科、本科、研究生[78]。

表 2-3　学历教育分类

学历层次	学历类别	代码	学历
高等教育	专业教育	10	研究生教育
		20	本科教育
		30	专科教育
中等教育	职业教育	40	中等职业教育
	基础教育	60	普通高级中学教育
		70	初级中学教育
初等教育	基础教育	80	小学教育
其他	其他	90	其他

(4) 居住和收入

结合调查目的，参照以上选取指标的文献，居民居住情况可以分为在养老院和不在养老院两大类，根据共同居住对象，不在养老院居住的可分为独居、与配偶居住、与家人居住和与保姆居住，其中与配偶居住指仅与配偶一起居住，与保姆居住指仅与保姆一起居住。

居民收入来源有依靠自己和依靠他人两种类型，按照获取方式，依靠自己的有个人工作所得、财产性收入、离退休金三类，依靠他人的有父母给予、子女赡养、低保或社会资助三类。根据 2019 年统计年鉴，全国居民人均可支配收入按五等份分组，如表 2-4 所示。考虑问卷的可读性和简洁性，减少作答者的烦琐计算，采用家庭年总收入为指标，分为负债、1 万元以下、1 万～3 万元、3 万～8 万元、8 万～15 万元、15 万～30 万元、30 万～100 万元、100 万元以上，共八个类别调查居民家庭收入[79]。

表 2-4　全国居民按收入五等份分组的人均可支配收入

组号	组别	收入(2018)/元
1	低收入户	6 440.5
2	中间偏下户	14 360.5
3	中间收入户	23 188.9
4	中间偏上户	36 471.4
5	高收入户	70 639.5

根据前人进行的养老意愿调查，老年人养老方式有自我养老、家庭养老、社区养老、机构养老，结合现下存在的部分医院和医疗机构提供养老服务的情况，在调查养老意愿时加入医养结合的养老方式，并将前人采用的自我和家庭养老合并为居家养老。随着智慧城市的建设和人文关怀的增强，处在网络技术时代边缘的老年人受到了强烈关注，智慧养老呼声越来越高，响应时代号召，在调查中加入作答者和老年人对智慧养老及具有智慧养老功能的手机的看法。问卷的具体内容按照作答者和老年人分别展示如表 2-5 和表 2-6 所示。

表 2-5　问卷设计内容(作答者)

变量	分类数量	内容
性别	2	男/女
作答者年龄	14	15 岁为起始，5 岁为间隔
作答者婚姻状况	4	未婚，已婚，离婚，丧偶
作答者学历	7	未上过学，小学，初中，高中/中专/职高，大专，大学本科，研究生
作答者居住情况	6	独居，与配偶居住，与家人同住，与保姆居住，住在养老院/医养机构中

表 2-5(续)

变量	分类数量	内容
作答者健康状况	4	完全健康，基本健康，患病生活基本自理，患病生活不能自理
作答者收入来源	6	父母给予，个人工作所得，财产性收入，低保或社会资助，离退休金，子女赡养
作答者养老意愿	4	居家养老，社区养老，机构养老，医养结合
作答者对智慧养老及手机的看法——支持程度	3	支持程度低，一般，支持程度高
作答者对智慧养老及手机的看法——了解程度	3	了解程度低，一般，了解程度高
答卷人手机类型	2	按键机，智能机
期待的智慧手机功能	5	医疗健康，安全出行，网购文娱，生活关注，一键操作

表 2-6　问卷设计内容(老年人)

变量	分类数量	内容
老人年龄	9	60 岁为起始，5 岁为间隔
老人婚姻状况	4	未婚，已婚，离婚，丧偶
老人学历	7	未上过学，小学，初中，高中/中专/职高，大专，大学本科，研究生
老人居住情况	5	独居，与配偶居住，与家人同住，与保姆居住，住在养老院/医养机构中
老人健康状况	4	完全健康，基本健康，患病生活基本自理，患病生活不能自理
老人收入来源（主要到次要排序）	5	个人工作所得，财产性收入，低保或社会资助，离退休金，子女赡养
家庭收入	8	负债，1 万元以下，1 万～3 万元，3 万～8 万元，8 万～15 万元，15 万～30 万元，30 万～100 万元，100 万元以上
老人养老意愿	4	居家养老，社区养老，机构养老，医养结合
有无参与智慧养老	2	无，有
老人手机类别	2	按键机，智能机

2.2.2 样本特征统计

(1) 甘肃省

借助见数平台收集甘肃居民的养老意愿,共收集到193份问卷,自动拒绝4份,因IP地址与居住地不统一手动拒绝15份,最终得到174份有效问卷,统计样本变量各项的分布情况,并进行非参数卡方检验,评价甘肃省问卷变量分布的统计学意义,分别展示作答者和老人的统计数据,如表2-7所示。

表2-7 甘肃省作答者特征统计与检验

变量	分类	样本数	百分比/%	χ^2	P
性别	男	76.0	43.7	2.782	0.095
	女	98.0	56.3		
年龄	15～19岁	6.0	3.4	217.724	<0.05
	20～24岁	64.0	36.8		
	25～29岁	36.0	20.7		
	30～34岁	33.0	19.0		
	35～39岁	12.0	6.9		
	40～44岁	8.0	4.6		
	45～49岁	5.0	2.9		
	50～54岁	8.0	4.6		
	55～59岁	1.0	0.6		
	60～64岁	1.0	0.6		
婚姻状况	未婚	84.0	48.3	0.207	0.649
	已婚	90.0	51.7		
学历	小学	1.0	0.6	428.966	<0.05
	初中	2.0	1.1		
	普中/中专/职高	16.0	9.2		
	专科	15.0	8.6		
	本科	130.0	74.7		
	硕士及以上	10.0	5.7		

表 2-7(续)

变量	分类	样本数	百分比/%	χ^2	P
居住情况	独居	17.0	9.8	44.023	<0.05
	与配偶居住	55.0	31.6		
	与家人居住	73.0	42.0		
	其他(学生公寓、公司宿舍等)	29.0	16.7		
健康状况	完全健康	124.0	71.3	132.517	<0.05
	基本健康	49.0	28.2		
	患病生活基本自理	1.0	0.6		
主要收入来源	父母给予	57.0	32.8	273.816	<0.05
	个人工作所得	111.0	63.8		
	财产性收入	3.0	1.7		
	低保或社会资助	1.0	0.6		
	离退休金	2.0	1.1		
养老意愿	居家养老	97.0	55.7	112.115	<0.05
	社区养老	20.0	11.5		
	机构养老	6.0	3.4		
	医养结合	51.0	29.3		

作答者的性别和婚姻状况显著性 $P>0.05$，说明其分类的分布差异性不显著；收集到的问卷中男女比例有差异，差异不显著，样本数据在男女之间的分布近似于均匀，避免了因性别的差异影响作答问卷的有效性和分析结果的可靠性；作答者的婚姻状况只有未婚和已婚两种，且数据在两者之间近似均匀分布，不具有统计学意义。作答者的年龄、学历、居住情况、健康状况、主要收入来源、养老意愿变量在分类的分布上差异性显著，具有统计学意义。

半数以上的作答者年龄分布在 20～29 岁之间，90%以上的作答者年龄在 15～44 岁之间，绝大多数作答者是青年人，仅有 8%的中年人，说明作答者的样本数据代表甘肃省新生力量的基本特征和养老认知。接近 90%的作答者接受了高等专业教育，拥有本科学历的作答者占大多数，约 10%的作答者的学历是中等教育层次，作答者充分地接受科学教育，知识水平较高，代表了甘肃省青年知识分子的养老意愿分布。

70%以上的作答者是与配偶或家人居住,16%的作答者居住于学生公寓或公司宿舍,仅有不到 10%的作答者处于独居状态,作答者目前居住状态偏向家庭型。作答者的健康状况基本处于完全健康或基本健康状态,完全健康的作答者占比超过 70%,甘肃省作答者的身体素质较高,身体不适或患病的作答者较少。60%以上的作答者的主要收入来源是个人工作所得,大部分作答者具有较为独立的经济能力,能够通过工作获得自身所需的主要收入,同时有三分之一的作答者主要收入来源是父母给予,目前不具备独立经济能力,仍需要家庭的供养,总体上来看,依靠自己获得主要收入的作答者数量多于依靠他人获取主要经济来源的数量。作答者对四种养老方式的倾向有显著差异,半数以上的作答者选择居家养老方式,接近 30%的作答者偏向医养结合养老方式,机构养老方式的选择比例最低。

甘肃省老人特征统计与检验如表 2-8 所示。各变量的非参数卡方检验均为显著,变量分类之间的分布具有显著的差异性,问卷的老人数据具有统计学意义。约 60%的老人年龄在 60～74 岁之间,超过三分之一的老人年龄在 75～89 岁之间,样本中的年轻老年人居多,老年人的比例较少,长寿老年人仅占 1%。老人的婚姻状况是已婚或者丧偶,70%以上的老人是已婚状况,甘肃省老人的晚年生活大多有伴侣。存在 15%的老人未接受学校教育,80%的老人是初中等基础教育学历,仅有不到 5%的老人受到了高等专业教育,甘肃老人的学历层次普遍较低。

表 2-8 甘肃省老人特征统计与检验

变量	分类	样本数	百分比/%	χ^2	P
年龄	60～64 岁	26.0	14.9	68.345	<0.05
	65～69 岁	43.0	24.7		
	70～74 岁	37.0	21.3		
	75～79 岁	35.0	20.1		
	80～84 岁	30.0	17.2		
	85～89 岁	1.0	0.6		
	90～94 岁	2.0	1.1		
婚姻状况	已婚	125.0	71.8	33.195	<0.05
	丧偶	49.0	28.2		

表 2-8(续)

变量	分类	样本数	百分比/%	χ^2	P
学历	未上过学	26.0	14.9	101.379	<0.05
	小学	62.0	35.6		
	初中	53.0	30.5		
	普中/中专/职高	25.0	14.4		
	专科	4.0	2.3		
	本科	4.0	2.3		
居住情况	独居	18.0	10.3	177.034	<0.05
	与配偶居住	73.0	42.0		
	与家人居住	81.0	46.6		
	与保姆居住	1.0	0.6		
	住在养老院/医养机构中	1.0	0.6		
健康情况	完全健康	10.0	5.7	129.770	<0.05
	基本健康	89.0	51.1		
	患病生活基本自理	72.0	41.4		
	患病生活不能自理	3.0	1.7		
主要收入来源	个人工作所得	19.0	10.9	64.908	<0.05
	财产性收入	8.0	4.6		
	低保或社会资助	31.0	17.8		
	离退休金	68.0	39.1		
	子女赡养	48.0	27.6		
家庭年总收入	负债	3.0	1.7	114.609	<0.05
	1 万元以下	7.0	4.0		
	1 万～3 万元	31.0	17.8		
	3 万～8 万元	44.0	25.3		
	8 万～15 万元	59.0	33.9		
	15 万～30 万元	27.0	15.5		
	30 万～100 万元	3.0	1.7		
养老意愿	居家养老	160.0	92.0	416.207	<0.05
	社区养老	7.0	4.0		
	机构养老	3.0	1.7		
	医养结合	4.0	2.3		

超过 85%的老人与配偶或家人居住，仅有约 10%的老人处于独居状态，老人居住情况偏向家庭型。半数老人身体状况为基本健康，95%以上的老人生活能够自理，样本中老人的身体素质较好。接近 40%的老人主要收入来源是离退休金，离退休金和子女赡养是多数老人的主要经济来源，依靠自己获得主要经济来源的老人略多于依靠他人获得主要收入的老人，说明有接近半数的老人丧失了经济独立能力，需要依靠子女赡养或社会救助。接近 60%的样本数据的家庭收入在 3 万～15 万元区间，超过 75%的居民家庭收入在 1 万～15 万元区间，甘肃居民家庭年总收入总体上处于中间偏下水平。居家养老是甘肃省老人的主要养老方式，超过 90%的老人养老方式是居家养老，非居家养老中社区养老是老人较为偏向的养老方式，其次是医养结合养老方式，但比例都较低。

（2）河南省

通过见数的数据集市平台发放问卷，收集到 362 份，其中 9 份问卷因作答不认真被系统自动拒绝，37 份问卷因居住地非河南省被剔除，采纳了 316 份河南本地居民的调查数据。按照表 2-7 和表 2-8，采用 SPSS 软件分别对作答者和老年人进行描述统计，如表 2-9 和表 2-10 所示，展示问卷中各个变量的作答数量、占比和卡方拟合优度检验结果。

表 2-9　河南省作答者特征统计

变量	分类	样本数	百分比/%	χ^2	P
性别	男	138	43.7	5.063	0.024
	女	178	56.3		
作答者年龄	15～19 岁	14	4.4	487.139	<0.05
	20～24 岁	110	34.8		
	25～29 岁	80	25.3		
	30～34 岁	62	19.6		
	35～39 岁	17	5.4		
	40～44 岁	9	2.8		
	45～49 岁	10	3.2		
	50～54 岁	6	1.9		
	55～59 岁	3	0.9		
	60～64 岁	4	1.3		
	65～69 岁	1	0.3		

表 2-9(续)

变量	分类	样本数	百分比/%	χ^2	P
作答者婚姻	离婚	1	0.3	155.019	<0.05
	未婚	158	50.0		
	已婚	157	49.7		
作答者学历	本科	219	69.3	661.772	<0.05
	初中	3	0.9		
	普高/中专/职高/技校	17	5.4		
	硕士及以上	23	7.3		
	小学	2	0.6		
	专科	52	16.5		
作答者居住	独居	30	9.5	372.956	<0.05
	其他(学生公寓、公司宿舍等)	14	4.4		
	与保姆同住	1	0.3		
	与家人居住	189	59.8		
	与配偶居住	82	25.9		
作答者健康	患病生活基本自理	3	0.9	223.297	<0.05
	基本健康	94	29.7		
	完全健康	219	69.3		
作答者收入来源	财产性收入	3	0.9	591.595	<0.05
	低保或社会资助	3	0.9		
	父母给予	79	25.0		
	个人工作所得	226	71.5		
	离退休金	5	1.6		
养老意愿	机构养老	15	4.7	187.544	<0.05
	居家养老	179	56.6		
	社区养老	55	17.4		
	医养结合	67	21.2		

表 2-10　河南省老年人特征统计与检验

变量	分类	样本数	百分比/%	χ^2	P
老人年龄	60～64 岁	50	15.9	114.057	<0.05
	65～69 岁	80	25.4		
	70～74 岁	84	26.7		
	75～79 岁	41	13.0		
	80～84 岁	38	12.1		
	85～89 岁	13	4.1		
	90～94 岁	9	2.9		
老人婚姻	丧偶	94	29.8	50.241	<0.05
	已婚	221	70.2		
老人学历	本科	13	4.1	207.095	<0.05
	初中	89	28.3		
	普高/中专/职高/技校	61	19.4		
	硕士及以上	1	0.3		
	未上过学	41	13.0		
	小学	99	31.4		
	专科	11	3.5		
老人健康	患病生活基本自理	134	42.5	189.190	<0.05
	患病生活完全不能自理	7	2.2		
	基本健康	144	45.7		
	完全健康	30	9.5		
老人居住	独居	19	6.0	311.975	<0.05
	与家人居住	204	64.8		
	与配偶居住	87	27.6		
	住在养老院/医养机构中	5	1.6		
老人收入来源	财产性收入	11	3.5	98.209	<0.05
	低保或社会资助	54	17.1		
	个人工作所得	49	15.6		
	离退休金	114	36.2		
	子女赡养	87	27.6		

表 2-10(续)

变量	分类	样本数	百分比/%	χ^2	P
家庭收入	100 万元以上	1	0.3	209.924	<0.05
	15 万～30 万元	81	25.7		
	1 万～3 万元	43	13.7		
	1 万元以下	7	2.2		
	30 万～100 万元	21	6.7		
	3 万～8 万元	66	21.0		
	8 万～15 万元	85	27.0		
	负债	11	3.5		
老人养老意愿	机构养老	7	2.2	737.392	<0.05
	居家养老	287	91.1		
	社区养老	12	3.8		
	医养结合	9	2.9		

由表 2-9 可知，作答者各个变量的 P 值小于 0.05，变量的各分类之间具有显著差异性，符合统计学意义。作答者中女性的数量多于男性，体现了相比于年轻男性，年轻女性对未来养老问题和养老方式有更高的关注度；作答者年龄集中分布在 20～34 岁区间，20～24 岁的样本最多，符合问卷调查的关注人群，学生、教师等其他青年人使用网络平台收集问卷的频率较高，获取问卷作为被测试者的概率更大；99%以上的作答者婚姻状况是未婚和已婚，未婚比例略高于已婚比例，90%以上的作答者学历是高等专业教育，本科学历的比例最高，作答者的年龄占比与婚姻状况和学历层次占比具有因果性和一致性，说明本次调查的被测试对象具有较好的身体素质和较高的知识水平，能够清楚合理地作答问卷。

接近 60%的作答者是与家人一起居住，有四分之一的作答者与配偶居住，说明部分青年结婚后仍然选择与家人同住，传统居住观念较强。低于 1%的作答者健康状况差，处于患病但生活能自理状态，青年作答者比例较高，青年身体素质好，精神状态好。70%以上的作答者主要收入来源是个人工作所得，表示大部分被测试者经济较独立，会更多地考虑未来生活规划和老年生活状态。在四种养老方式中，居家养老的选择人数最多，这与作答者的居住情况相吻合，表示河南省居民的传统养老观念较强，偏向于儿孙供养侍奉的居家形式养老；接近四分之一的作答者选择医养结合的养老方式，说明医疗的便捷性对青年人未来养老比较重要；超过 17%的作答者选择了社区养老，说明社会养老压力增大对中青年人产生了一定的影响，社区养老既能减少子女照顾老人的压力，也方便家庭成员与老年人的经常联系探望；反观机构养老方式，由于与家人距离较远等因素和不完善的医疗条件，低于 5%的作答者选择机构养老。

表 2-10 展示了河南省老年人的统计数据，每个变量的 P 值均小于 0.05，表示变量的每个分类之间具有显著差异性，居民对四种养老意愿的倾向有显著差异性，具有统计学意义。68%的老人年龄在 60～74 岁，接近 30%的老人年龄在 75～89 岁，仅有 2.9%的 90～94 岁老人，按照世界卫生组织规定的年龄结构，河南省老人大多是年轻老年人(60～74 岁)和老年人(75～89 岁)，长寿老年人(90 岁以上)所占比重极少。老人婚姻状况只有已婚和丧偶两种，已婚老人占比略超过 70%，说明当代老年人的传统婚姻观念较强。接近 80%的老人仅接受过基础教育，拥有初中等教育的学历层次，有 13%的老人未接受过教育，仅有不到 8%的老人接受了高等教育，说明老人的少年时代里教育资源有限，人们普遍不看重知识教育，接受知识教育的意识比较薄弱。超过一半的老人健康状况良好，95%以上的老人生活能够自理，这与河南省老人年龄结构相吻合。

超过 90%的老人与家人和配偶居住，说明老人的养儿防老观念较强烈，且河南省老人年龄大多在 74 岁以下，身体基本健康，生活基本能够自理，子女照看老人的压力小；6%的老人处于独居状态，可能是身体康健自理能力强、不看好养老设施或者因收入问题住不起养老院；仅有 1.6%的老人住在养老院或医养机构中。

收入来源分为依靠自己和依靠他人两大类，约 55%的老人依靠个人能力获得收入，大多数人的收入来源是离退休金，其次是工作，年轻老年人仍具有一定的工作能力；依靠他人的收入来源中子女赡养是大多数老人的主要收入来源，其次是低保或社会资助。总的来说，离退休金和子女赡养是 60%以上的河南省老人的主要收入来源，半数以上的老人能够靠自己的能力获得稳定收入，生活自给自足。

河南省居民家庭收入主要分布在 3 万～30 万元区间，收入在 3 万元以下甚至负债的家庭接近 20%，收入在 30 万元以上的家庭接近 7%，中间和中间偏下收入的家庭较多，说明河南省居民家庭收入一般或中等，人们会偏向较低成本的养老方式。

超过 90%的老人选择居家养老，其次是社区养老，机构养老的选择人数最少，这与河南省家庭收入情况和老人居住情况相吻合。由于老人传统的居住观念和养老观念，以及老人所经历时代的艰苦朴素的习惯，大多数老人倾向居家和社区养老模式，与家庭亲人联系沟通更紧密，受医疗便捷性和重要性影响，医养结合成为老人倾向的新生养老方式。

(3) 浙江省

针对浙江省发布问卷，收集到 201 份问卷，拒绝无效样本后得到有效问卷 178 份，采用 SPSS 软件统计样本特征，并检测样本变量的统计学意义。由表 2-11可知，作答者中的男性数量小于女性，但性别变量的 P 值大于 0.05，说明男性和女性的数量差别不显著，样本数据在男女性别中是大致均匀分布的。其他变量的 P 值均小于 0.05，各变量的分类在数量上有显著差异，具有统计学意义，百分比代表变量各类的分布是有意义的。接近 75% 的作答者年龄分布在 20～34 岁，与河南省的作答者年龄分布一致，但浙江省作答者的年龄分布最值点在 25～29 岁，比河南省作答者大一个年龄段。作答者中已婚人数显著大于未婚，与年龄分布情况一致，20～34 岁的居民大多处于未婚或已婚状态。接近 70% 的作答者学历是本科，90% 以上的作答者是高等教育层次，说明调查样本的受教育水平较高。作答者健康状况是基本健康或完全健康，完全健康的作答者占 65.2%，身体素质良好。

表 2-11　浙江省作答者样本统计

变量	分类	样本数	百分比/%	χ^2	P
性别	男	83	46.6	0.809	0.368
	女	95	53.4		
年龄	15～19 岁	4	2.2	195.820	<0.05
	20～24 岁	35	19.7		
	25～29 岁	52	29.2		
	30～34 岁	46	25.8		
	35～39 岁	21	11.8		
	40～44 岁	11	6.2		
	45～49 岁	2	1.1		
	50～54 岁	1	0.6		
	55～59 岁	5	2.8		
	60～64 岁	1	0.6		
婚姻状况	未婚	67	37.6	10.876	<0.05
	已婚	111	62.4		

表 2-11(续)

变量	分类	样本数	百分比/%	χ^2	P
学历	本科	123	69.1	278.404	<0.05
	初中	1	0.6		
	普高/中专/职高/技校	9	5.1		
	硕士及以上	19	10.7		
	专科	26	14.6		
健康状况	基本健康	62	34.8	16.382	<0.05
	完全健康	116	65.2		
居住情况	独居	17	9.6	77.596	<0.05
	其他(学生公寓、公司宿舍等)	14	7.9		
	与家人居住	80	44.9		
	与配偶居住	67	37.6		
主要收入来源	财产性收入(房租)	2	1.1	320.022	<0.05
	父母给予	29	16.3		
	个人工作所得	146	82.0		
	离退休金	1	0.6		
养老意愿	机构养老	16	9.0	81.281	<0.05
	居家养老	91	51.1		
	社区养老	20	11.2		
	医养结合	51	28.7		

80%以上作答者的居住情况是与家人居住或与配偶居住，对应了婚姻状况的已婚和未婚比例，超过三分之一的作答者与配偶居住，说明已婚的作答者已经有相对强烈的独立生活意愿。80%以上作答者的主要收入来源是个人工作所得，说明浙江省作答者已经具备了相对独立的经济能力，有一定的经济水平。居家养老方式在浙江省中青年人群依然具有主导地位，超半数作答者选择居家养老。医养结合在中青年人群中受到较大青睐，接近 30%的作答者倾向医养结合养老方式。其次是社区养老，机构养老意愿的比例最小。中青年注重健康医护，偏向更接近居家生活的社区养老，说明未来医养设施和社区养老设施或成为养老建设发展热点。

表 2-12 是作答者家中或家族中一位老人的基本特征和养老方式统计数据。半数以上老人的年龄在 65～74 岁区间，接近 30%的老人年龄在 75～89

岁，年轻老年人居多，老年人较少，长寿老人仅占3.4%。老人婚姻状况有三种，70%以上的老人是已婚状况，考虑到作答者是以家族中的某位老人为例作答，存在1.1%的老人是未婚。接近30%的老人学历是初等教育，约40%的老人受到了中等教育，仅有7.3%的老人接受了高等教育，有超过五分之一的老人未受过教育，知识教育在老年人群中普及率较低。四种健康状况在老年人群中均有分布，半数以上的老人处于基本健康状况，接近40%的老人患病但生活能够自理，仅有0.6%的老人生活不能自理。

表2-12　浙江省老人样本统计

变量	分类	样本数	百分比/%	χ^2	P
年龄	60～64岁	18	10.1	83.596	<0.05
	65～69岁	51	28.7		
	70～74岁	53	29.8		
	75～79岁	20	11.2		
	80～84岁	19	10.7		
	85～89岁	11	6.2		
	90～94岁	6	3.4		
婚姻	丧偶	45	25.3	145.427	<0.05
	未婚	2	1.1		
	已婚	131	73.6		
学历	本科	9	5.1	70.496	<0.05
	初中	47	26.4		
	普高/中专/职高/技校	24	13.5		
	未上过学	41	23.0		
	小学	53	29.8		
	专科	4	2.2		
健康状况	患病生活基本自理	69	38.8	135.618	<0.05
	患病生活完全不能自理	1	0.6		
	基本健康	95	53.4		
	完全健康	13	7.3		

表 2-12(续)

变量	分类	样本数	百分比/%	χ^2	P
居住情况	独居	13	7.3	127.348	<0.05
	与家人居住	93	52.2		
	与配偶居住	69	38.8		
	住在养老院/医养机构中	3	1.7		
主要收入来源	财产性收入(房租)	10	5.6	92.393	<0.05
	低保或社会资助	26	14.6		
	个人工作所得	19	10.7		
	离退休金	83	46.6		
	子女赡养	40	22.5		
家庭收入	100 万元以上	2	1.1	219.124	<0.05
	15 万～30 万元	67	37.6		
	1 万～3 万元	4	2.2		
	1 万元以下	3	1.7		
	30 万～100 万元	25	14.0		
	3 万～8 万元	14	7.9		
	8 万～15 万元	59	33.1		
	负债	4	2.2		
养老方式	机构养老	3	1.7	386.719	<0.05
	居家养老	158	88.8		
	社区养老	11	6.2		
	医养结合	6	3.4		

90%以上的老人与家人或配偶居住，与家人居住的老人占半数以上，居家生活是老人的主流居住方式，住在养老院或医养机构的老人仅占 1.7%，究其原因，一方面是主流的居家生活方式，另一方面是作答者的认知选择，比如当老人与配偶一起住在养老院或医养机构时，针对一位老人作答，则居住方式可以是“与配偶居住”。接近半数的老人的主要收入来源是离退休金，其次是子女赡养，这两种收入来源在老年人群中占有较大比例，是老人生活主要收入来源的常态。老人的家庭收入主要分布在 8 万～30 万元区间，超过 85%的老人家庭收入在 8 万元以上，半数以上的老人家庭收入在 15 万元以上，说明浙江

省的居民收入水平普遍较高。老人的养老方式中，居家养老比例接近 90%，非居家养老方式中社区养老比例最高，在老年群体中居家养老占有相当高的地位，这与老人的居住情况比例相吻合，体现浙江省的老人具有强烈的家族生活观念，不习惯周围环境的改变，同时对医疗健康的关注度有一定的提高，社区养老、医养结合养老方式以及二者结合的养老形式可进一步发展建设。

2.3 居民养老意愿空间分布

2.3.1 甘肃省老人养老意愿

SPSS 软件具有强大的数据统计和分析功能，将甘肃省 174 份问卷数据整理导入 SPSS 数据编辑器，利用交叉表描述统计各市的老人养老意愿分布，如表 2-13 所示，给出各个养老意愿在各市分布的最值和总比例值。居家养老意愿在各市的最小比例值远大于非居家养老意愿的最大比例值，居家养老方式是每个地级市老人的主要养老方式，具有显著的主导地位；非居家养老意愿中，医养结合养老意愿具有最大的比例值，其次是社区养老意愿，甘肃省老人具有较强的传统居家养老观念，养老方式偏向居家社区的家庭式养老，受到新型养老模式的冲击以及对医疗健康关注度的提高，少数老人接受医养结合的养老方式，机构养老的比例最低，仅兰州市小部分老人倾向机构养老，其他市区的机构养老意愿为零值。

表 2-13 甘肃省老人养老意愿交叉表 单位：%

市	居家养老	社区养老	机构养老	医养结合养老
白银市	89.5	10.5	0.0	0.0
定西市	100.0	0.0	0.0	0.0
甘南藏族自治州	100.0	0.0	0.0	0.0
嘉峪关市	75.0	0.0	0.0	25.0
金昌市	80.0	0.0	0.0	20.0
酒泉市	85.7	14.3	0.0	0.0
兰州市	91.5	1.7	5.1	1.7
临夏回族自治州	100.0	0.0	0.0	0.0
陇南市	100.0	0.0	0.0	0.0
平凉市	90.0	10.0	0.0	0.0
庆阳市	90.9	9.1	0.0	0.0

表 2-13(续)

市	居家养老	社区养老	机构养老	医养结合养老
天水市	100.0	0.0	0.0	0.0
武威市	100.0	0.0	0.0	0.0
张掖市	83.3	16.7	0.0	0.0
最大值	100.0	16.7	5.1	25.0
最小值	75.0	0.0	0.0	0.0
总计	92.0	4.0	1.7	2.3

为直观清楚地观察养老意愿在各市的分布情况，通过 ArcGIS 可视化养老意愿比例值，采用组内方差最小、组间方差最大的自然间断分组法，显著地展示养老意愿地理空间差异，如图 2-1 所示。

甘肃省居民的居家养老意愿空间分布特征显著，高比例值集中分布在甘肃省的中南部地区，武威市、定西市、陇南市、天水市、甘南藏族自治州、临夏回族自治州等地区的比例值较高，老人更偏向居家养老，北部地区的酒泉市、嘉峪关市、张掖市、金昌市等辖区的居家养老意愿比例值较低，老人的非居家养老意愿有增强的趋势。

甘肃省的机构养老意愿空间分布极不均衡，各市老人的机构养老意愿普遍较低，仅兰州市的机构养老意愿较高，其他地区的老人对机构养老方式的支持度极低，与其他地区相比，兰州市老人较为偏向机构养老方式；在甘肃省范围内，中部地区的老人较为偏向机构养老方式，养老机构设施在中部地区有一定的发展趋势。

社区养老意愿空间分布特征较为显著，整体来看集中分布在甘肃省的中北部地区，高比例意愿分布在平凉市、白银市、张掖市、嘉峪关市、酒泉市，老人倾向于家庭型的社区养老方式；有高值聚集的趋势，如白银市、平凉市的高值区周围聚集着较高值区兰州市、庆阳市，受到张掖市、白银市、兰州市的高值区影响带动，未来金昌市、武威市老人的社区养老倾向度将有所提高，社区养老设施将进一步发展。

医养结合养老意愿整体上呈现点状分布的空间特征，比例值有从东南向西北递增的趋势，兰州市是中部地区的低值点，金昌市是中西部地区的中值点，嘉峪关市是西部地区的高值点，形成了甘肃省老人由东南到西北递增的医养结合养老意愿比例，但连接性不强，说明医养结合养老意愿未能形成空间上的邻近影响，老人对医养结合养老方式倾向度较低，主要集中在嘉峪关、金昌、兰州三市。

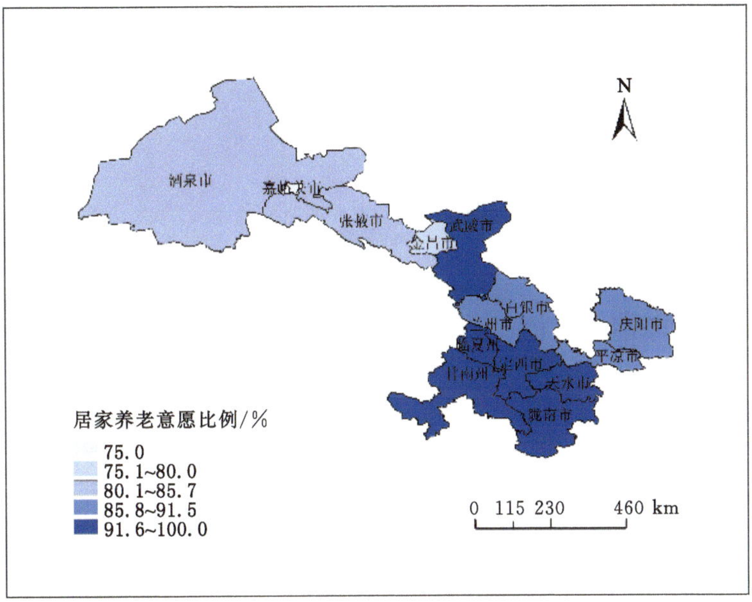

(a) 居家养老意愿分布

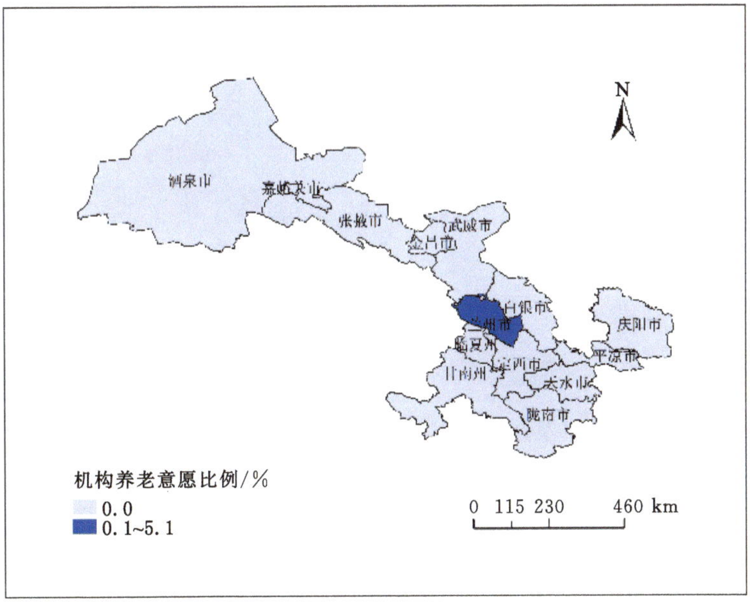

(b) 机构养老意愿分布

图 2-1　甘肃省老人养老意愿空间分布示意图

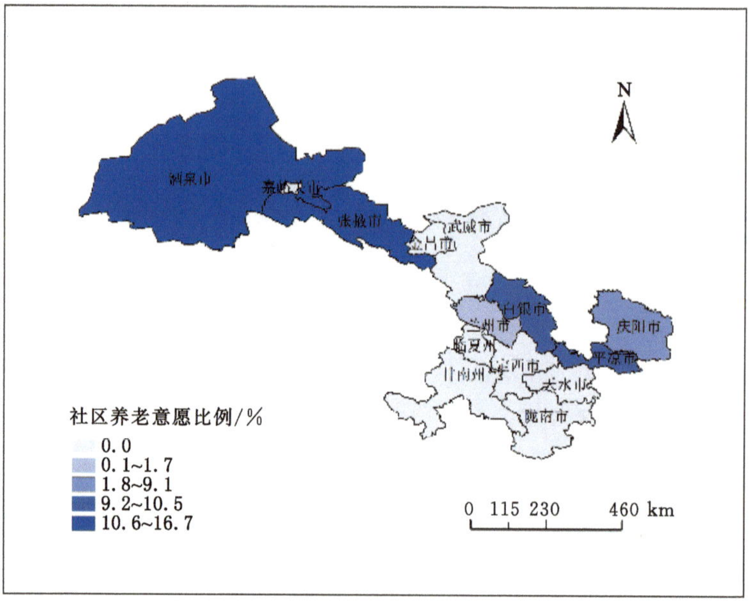

(c) 社区养老意愿分布

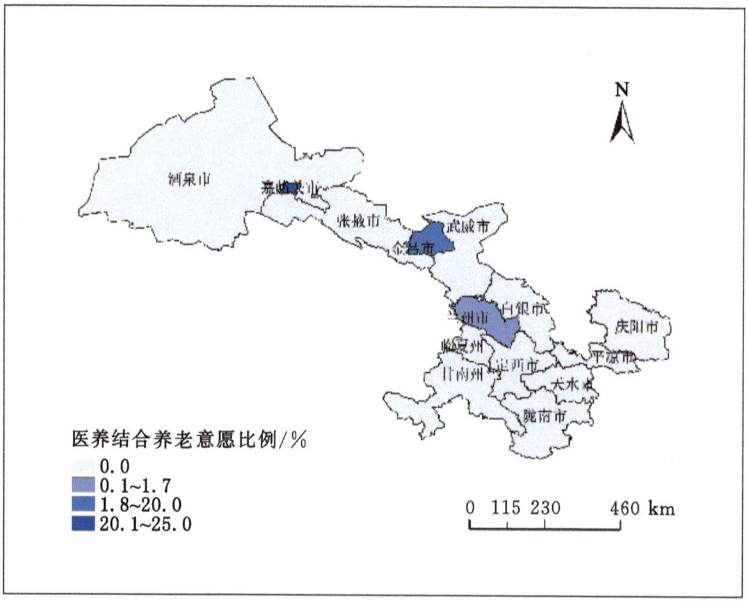

(d) 医养结合养老意愿分布

图 2-1 (续)

2.3.2　河南省老人养老意愿

通过 SPSS 分析制作市域与老人养老意愿的交叉表，统计各市老人的各养老意愿占比，如表 2-14 所示。河南省各市域老人的居家养老意愿占比在 80%及以上，社区养老意愿选择比例低于 14%，医养结合倾向比例在 13%以下，机构养老意愿占比在 15%以下。河南省老人的总机构养老意愿比例是四种养老意愿比例中最小的，选择机构养老的老人总数量最少，而在各市域养老意愿比例最大值中，机构养老意愿比例却不是最小的，说明存在某些市域的老人在非居家养老方式中更倾向机构养老，各市域老人居家养老意愿比例的最小值低于河南省老人的总居家养老比例，说明某些市域老人的传统居家养老观念开始动摇，逐渐接受社区、机构和医养结合的养老方式。

表 2-14　河南省老人养老意愿交叉表　　单位：%

市	机构养老	居家养老	社区养老	医养结合养老
安阳市	0.0	100.0	0.0	0.0
鹤壁市	0.0	83.3	8.3	8.3
济源市	0.0	0.0	0.0	0.0
焦作市	7.7	92.3	0.0	0.0
开封市	0.0	90.0	10.0	0.0
洛阳市	3.2	96.8	0.0	0.0
漯河市	0.0	100.0	0.0	0.0
南阳市	0.0	100.0	0.0	0.0
平顶山市	14.3	85.7	0.0	0.0
濮阳市	0.0	87.5	0.0	12.5
三门峡市	0.0	100.0	0.0	0.0
商丘市	0.0	95.0	0.0	5.0
新乡市	12.5	87.5	0.0	0.0
信阳市	4.8	85.7	9.5	0.0
许昌市	0.0	100.0	0.0	0.0
郑州市	1.2	86.9	6.0	6.0
周口市	0.0	95.2	4.8	0.0
驻马店市	0.0	80.0	13.3	6.7
最大值	14.3	100.0	13.3	12.5
最小值	0.0	80.0	0.0	0.0
总计	2.2	91.1	3.8	2.9

综上所述可得，河南省老人的养老意愿在各市域的分布上可能存在一定的聚集性，为探究养老意愿是否具有聚集性及其空间分布情况和分布强弱，可视化表 2-14 中各市养老意愿比例数据，如图 2-2 所示，以自然断点法将居家养老意愿比例分为五组，采用色带深浅代表比例数值的高低，清晰地体现空间数值的差异性。

居家养老意愿的空间分布呈现圈层变化，以许昌市为中心圈层，向外以各市域为界分为四层，中心圈层和第四圈层的居家养老意愿比例高，许昌市、漯河市、南阳市、三门峡市和安阳市的老人更倾向于居家养老模式，传统养老居住观念较强；第二圈层的居家养老意愿比例较高，洛阳市、焦作市、商丘市和周口市老人的居家养老意愿较强烈；驻马店市、鹤壁市的比例较低，处于第三圈层，老人较为接受非居家养老方式。

机构养老意愿呈西北-东南方向格局，比例高的集中分布在河南省西北部，新乡市和平顶山市的机构养老意愿比例高，焦作市次之，与河南省其他市相比，老人更倾向于机构养老方式，思想更加开放，接受新事物的能力较强，洛阳市和信阳市比例一般，郑州市的机构养老意愿比例较低。

社区养老意愿比例呈现高值-中值-低值的点状聚集分布，是自南向北减少的趋势，高比例意愿在河南省南部地区集中分布，由驻马店市和信阳市形成高值点；中部地区以开封市为中心、郑州市和周口市为辅助形成中值点；北部地区以鹤壁市为中心形成低值点。总体上社区养老意愿比例由北向南逐渐降低，南部老人相较于北部老人更倾向于社区养老。

医养结合养老意愿有星状分布的趋势，北部地区以濮阳市和鹤壁市形成“最亮星”，医养结合养老意愿比例高，北部地区尤其是濮阳市的老人在养老方式选择上较看重医疗条件；郑州市、驻马店市的医养结合养老意愿比例一般，商丘市次之，三市以三足鼎立、商丘较弱的状态分布，说明医养结合养老在河南省的推广和建设程度较低。

综合四种养老意愿，居家养老是各市老人的主要养老方式，在非居家养老方式中，倾向机构养老和社区养老的老人大体上呈西北-东南方向对立分布，西北地区老人倾向机构养老，东南地区选择社区养老的老人较多，医养结合养老意愿以补充机构、社区养老的趋势在北部、东北部集中分布。在养老设施建设方面，河南省的中部偏东南方向地区需完善养老机构设施，中部偏西北方向需改进社区养老设施，医养结合养老设施需进一步在全省推广和调整，为老人创造更好的养老环境。

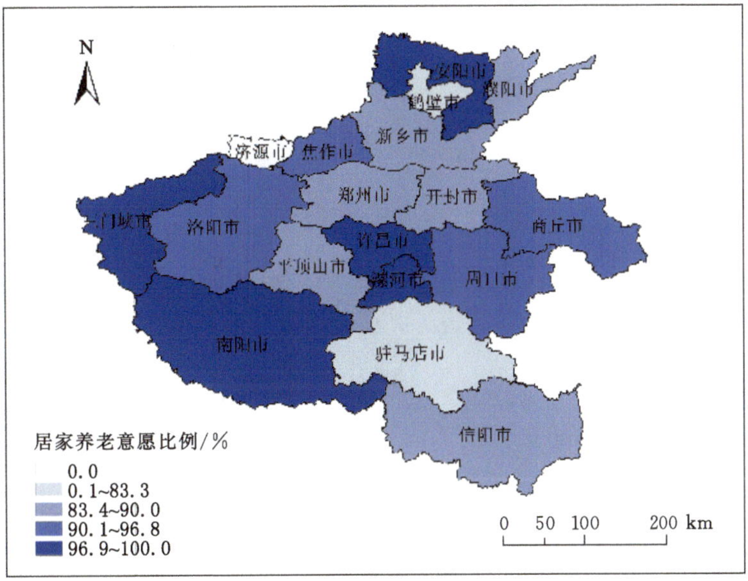

(a) 居家养老意愿分布

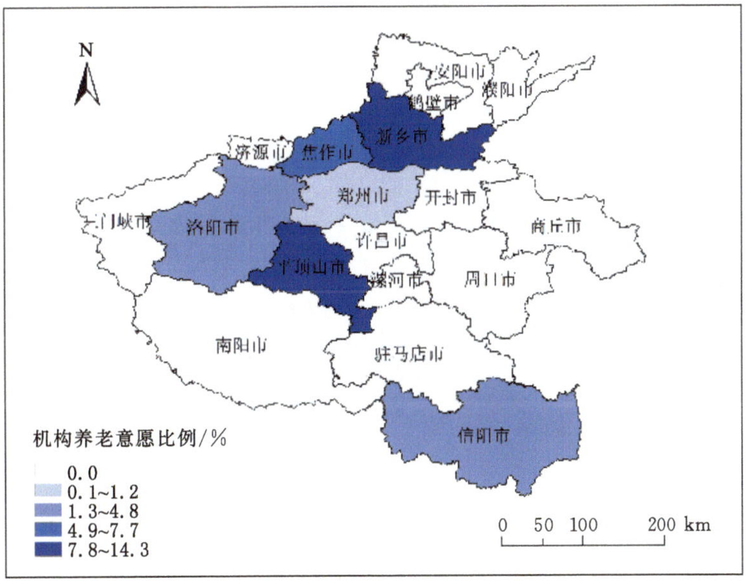

(b) 机构养老意愿分布

图 2-2　河南省老人养老意愿分布示意图

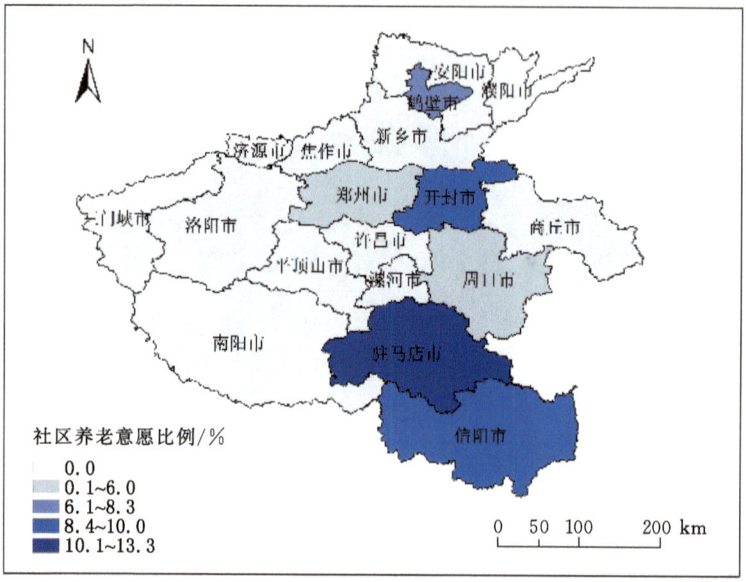

(c) 社区养老意愿分布

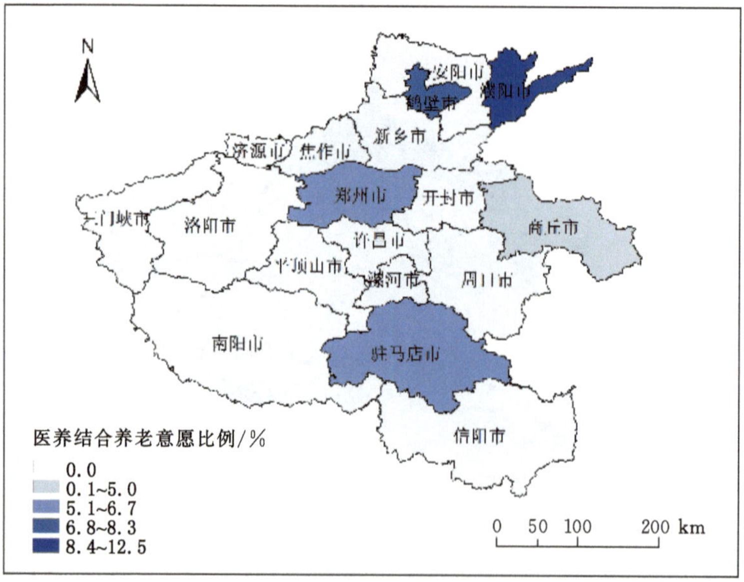

(d) 医养结合养老意愿分布

图 2-2 (续)

2.3.3　浙江省老人养老意愿

浙江省各市的老人养老意愿占比统计如表 2-15 所示，数值是以每个地级市的样本数量为总量，老人各个养老意愿的占比。将表格数据横向对比得出，各市老人居家养老意愿比例的最小值高于或等于非居家养老意愿比例的最大值，说明居家养老在浙江省各个市都是老人主要的养老方式，非居家养老方式中，社区养老在各市中占比高于或等于其他两种养老方式。由此可见，各地级市养老意愿占比情况与浙江省总的养老意愿占比情况相同，居家、社区养老都是老人的主要养老方式。

表 2-15　浙江省老人养老意愿交叉表　　单位：%

市	机构养老	居家养老	社区养老	医养结合养老
杭州市	0.0	94.3	3.8	1.9
湖州市	0.0	100.0	0.0	0.0
嘉兴市	0.0	91.7	0.0	8.3
金华市	0.0	100.0	0.0	0.0
丽水市	0.0	100.0	0.0	0.0
宁波市	3.3	83.3	6.7	6.7
衢州市	0.0	85.7	14.3	0.0
绍兴市	0.0	90.0	10.0	0.0
台州市	5.9	70.6	17.6	5.9
温州市	4.2	87.5	4.2	4.2
舟山市	0.0	50.0	50.0	0.0
最大值	5.9	100.0	50.0	8.3
最小值	0.0	50.0	0.0	0.0
总计	1.7	88.8	6.2	3.4

养老方式在地级市的分布各有不同，纵向对比可以得出每种养老意愿在各市的分布情况，以组内方差最小、组间方差最大的分类法可视化后如图 2-3 所示，居家养老意愿在各市的占比都比较大。以南北为向、各市行政区划为边界将浙江省划分为西部、中部、东部三个条带，中部条带地区的居家养老意愿相对较高，尤其是湖州市、金华市和丽水市，意愿比例均在 94%以上，老人的传统家庭生活观念较强；东部条带地区的居家养老意愿相对较低，以舟山市、台州市为代表，部分老人开始接受非居家养老方式。

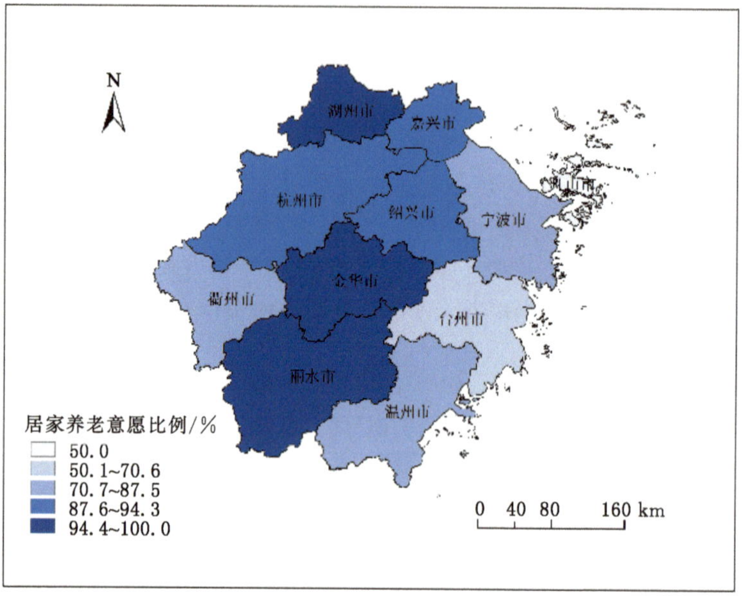

(a) 居家养老意愿分布

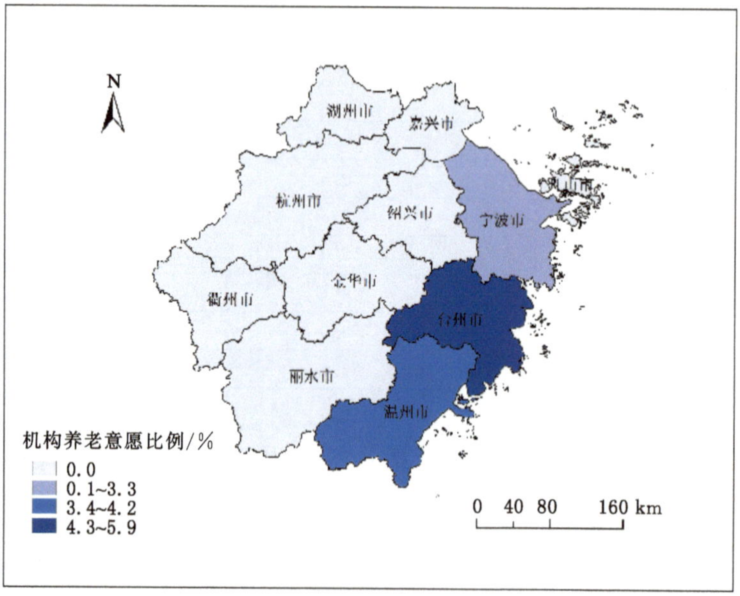

(b) 机构养老意愿分布

图 2-3 浙江省老人养老意愿空间分布示意图

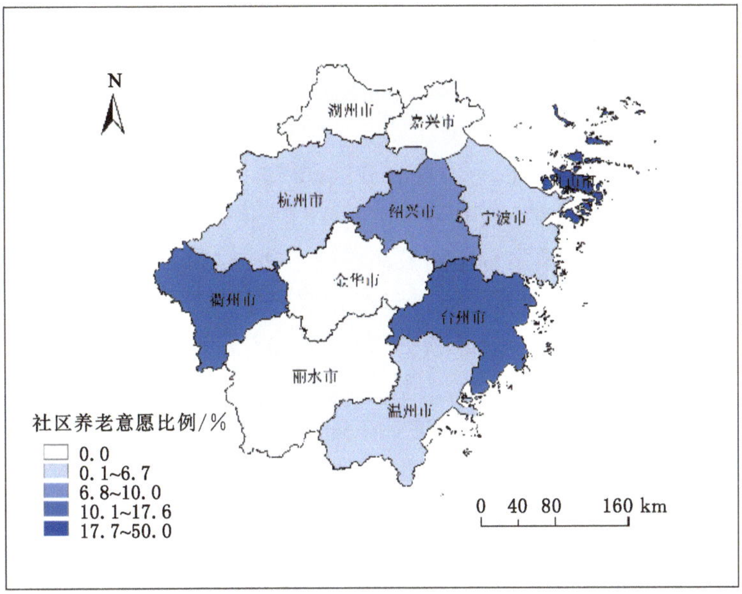

(c) 社区养老意愿分布

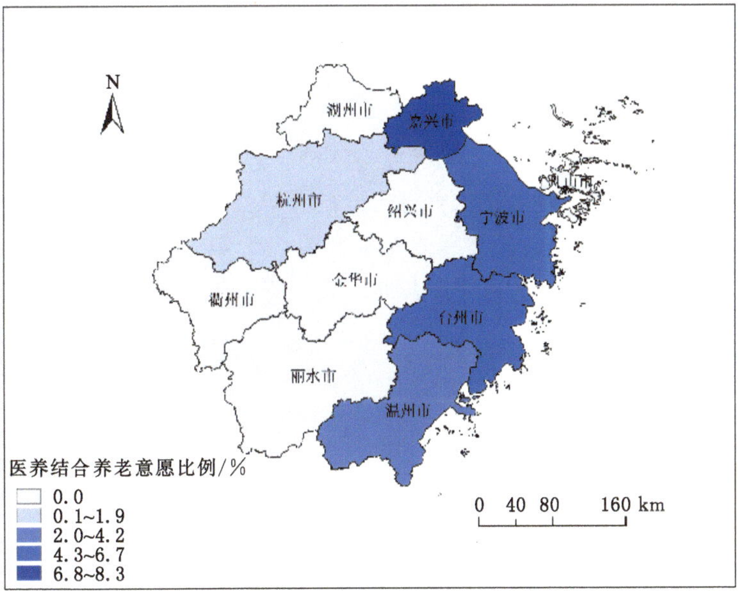

(d) 医养结合养老意愿分布

图 2-3 （续）

机构养老意愿在各市的分布呈现显著的集聚性，高比例意愿集中分布在浙江省东南部地区，有台州市、温州市、宁波市，其他地级市的机构养老意愿比例较低。总体上看，浙江省沿海城市的老人机构养老意愿比内陆城市的更强烈，老人的思想较为开放，更容易接受非居家形式的养老生活。

社区养老意愿在各市的分布较为分散，整体上是以东西为向，分布在浙江省中北部地区，较高比例地区有舟山市、台州市、衢州市，有一定的高比例聚集趋势，如台州市的周围聚集着比例较高的绍兴市、温州市；社区养老意愿的零比例地级市数量少于机构养老意愿和医养结合养老意愿，与浙江省各养老意愿占比情况相同，非居家养老意愿中，老人更偏向接近家庭生活形式、不改变居住大环境的社区养老方式。

医养结合养老意愿集中分布在浙江省东部沿海地带，嘉兴市的意愿比例最高，其次是宁波市、台州市、温州市，沿海地区的老人比内陆地区老人更注重医疗健康问题，医疗设施和养老建设较完善，老人的满意度较高。医养结合养老意愿和机构养老意愿的分布情况相似，均集中分布在沿海地区，体现了沿海地区的老人更能接受机构型的养老方式，内陆地区的老人更偏向居家社区型的较为传统的养老方式。

2.4 居民养老意愿趋势

调查和分析老人养老意愿是探究当下符合老年年龄阶段的居民对目前养老方式的选择，体现各地区老人养老方式的差异性，同时揭示了目前养老设施在各地区建设的完善性。中青年人对未来养老方式的倾向和选择也是值得研究的一方面，潜在老年人的养老意愿更能指导养老设施的建设，促进社会养老事业的健康发展。

2.4.1 甘肃省作答者养老意愿

甘肃省各市的中青年人养老意愿交叉统计如表2-16所示。整体上看居家养老方式在各市中仍是主要的分布，有半数以上的中青年人选择居家养老方式，但居家养老意愿在各市分布中的比例最小值低于社区和医养结合养老意愿的比例最大值，说明可能存在某些市区的中青年人更倾向非居家养老方式，非居家养老意愿在甘肃省中青年群体中有增强的趋势，其中医养结合养老方式的最大值比例最大，零值较少，在各市中的分布较充分，是中青年人较为倾向的非居家养老方式，机构养老意愿的最大比例值最小，零值较多，在中青年群体中的支持度较低。

表 2-16　甘肃省作答者养老意愿交叉表　　单位：%

市	居家养老	社区养老	机构养老	医养结合养老
白银市	50.0	7.1	14.3	28.6
定西市	80.0	0.0	0.0	20.0
甘南藏族自治州	33.3	16.7	0.0	50.0
嘉峪关市	37.5	0.0	12.5	50.0
金昌市	40.0	10.0	10.0	40.0
酒泉市	42.9	14.3	0.0	42.9
兰州市	64.0	9.3	1.3	25.3
临夏回族自治州	100.0	0.0	0.0	0.0
陇南市	40.0	0.0	0.0	60.0
平凉市	25.0	50.0	0.0	25.0
庆阳市	45.5	27.3	0.0	27.3
天水市	62.5	12.5	0.0	25.0
武威市	60.0	0.0	20.0	20.0
张掖市	40.0	40.0	0.0	20.0
最大值	100.0	50.0	20.0	60.0
最小值	25.0	0.0	0.0	0.0
总计	55.7	11.5	3.4	29.3

可视化各市作答者的养老意愿分布如图 2-4 所示。居家养老意愿空间分布充分且聚集性强，集中分布在甘肃省的中南部地区，并有向外影响带动的趋势，临夏回族自治州和定西市的居家养老意愿比例处于高值区，周围聚集着天水市、兰州市、武威市的较高值地区；中青年群体的居家养老意愿受到地区空间影响较大，中南部地区的中青年人的传统居家养老观念较强，与周围地区的中青年人居家养老意愿形成互相影响的空间特征；平凉市和甘南藏族自治州中青年人的居家养老意愿比例处于低值区，是南部较高值地区的异类值地区，潜在老年人较偏向非居家养老方式。

机构养老意愿具有显著的空间分布特征，集中分布在甘肃省的中部地区，武威市的机构养老意愿比例处于高值区，白银市、嘉峪关市次之，有一定的高值聚集趋势，高值区的武威市周围聚集着较高值区的白银市和中值区的金昌

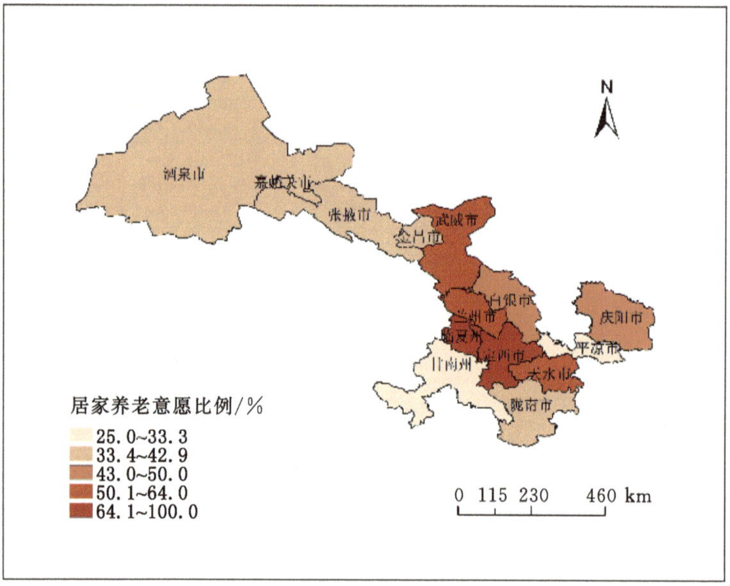

(a) 居家养老意愿分布

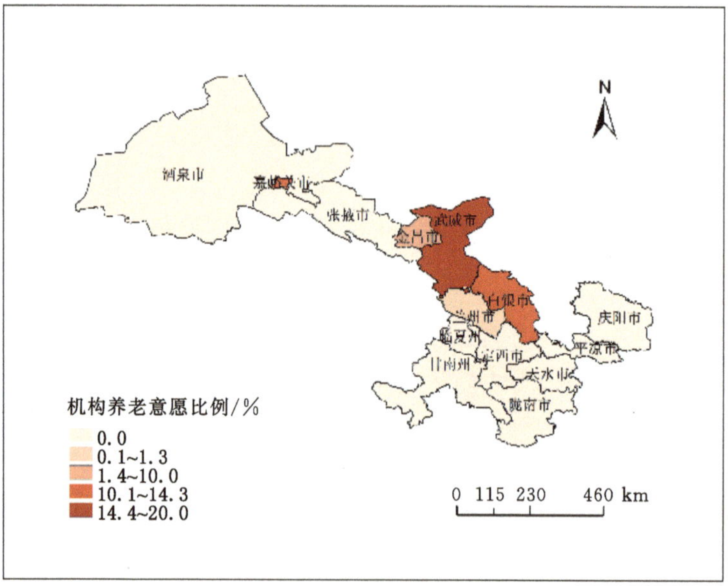

(b) 机构养老意愿分布

图 2-4 甘肃省作答者养老意愿空间分布示意图

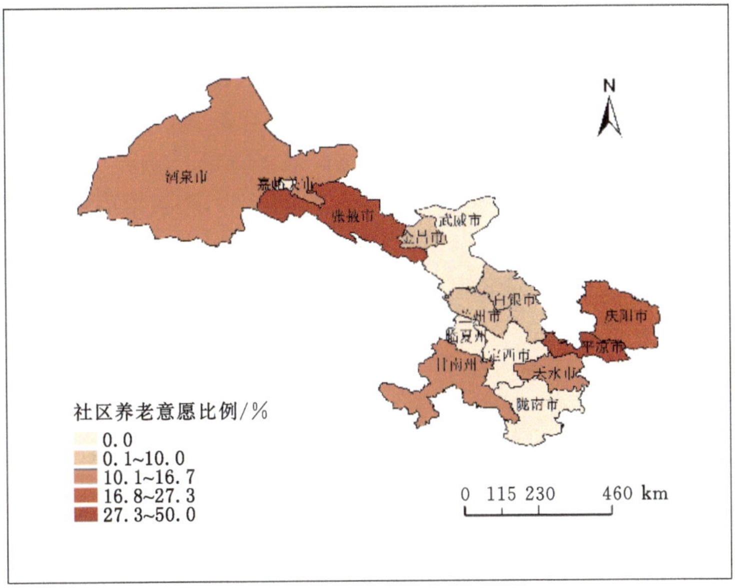

(c) 社区养老意愿分布

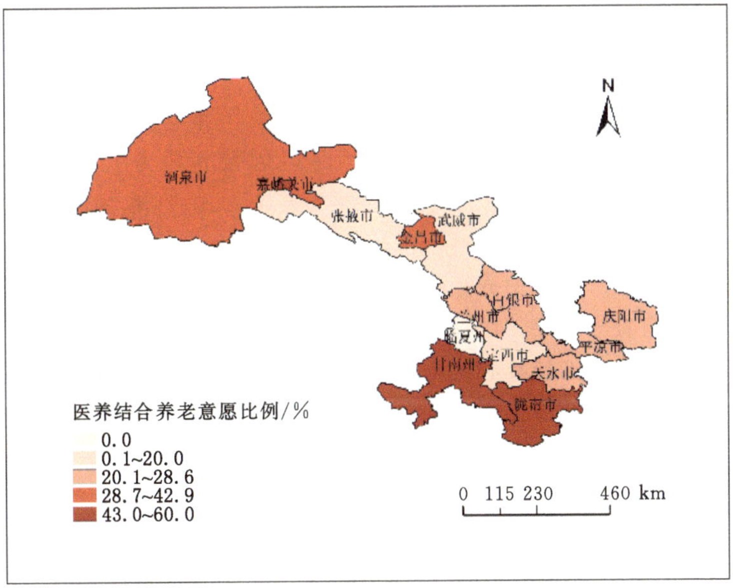

(d) 医养结合养老意愿分布

图 2-4 （续）

市，但总体上的机构养老方式倾向度不强，未能形成全省范围内的影响和带动，仅在中部地区有较强的分布，大部分地区的中青年人对机构养老方式的支持度较低，养老机构设施需进一步改进和发展。

社区养老意愿的空间分布较为充分但聚集性不强，总体上看主要分布在甘肃省的西北部和东南部，中部地区的社区养老意愿比例较低，张掖市、庆阳市、平凉市处于高值区，有一定的高值聚集影响趋势，张掖市周边的金昌市、酒泉市处于比例分级的中值区，平凉市带动了周边的庆阳市、天水市、白银市等地区，人与人之间的社区养老观念相互影响，中青年的社区养老意愿在空间上形成了一定的聚集特征。

医养结合养老意愿在空间上呈现较为显著的分布特征，在甘肃省的南部和西北部地区高度聚集，南部地区的甘南藏族自治州、陇南市和西北部地区的嘉峪关市处于意愿比例的高值区，酒泉市、金昌市处于较高值区，中青年人看重老年生活的健康问题，更加关心生活环境的医疗条件和水平，相比普通的养老养护设施，这些地区的中青年人更倾向兼顾医疗功能和养老条件的医养结合养老方式，地区的空间影响发挥了一定的作用，甘肃省中南部地区的医养结合养老意愿有增强的趋势。

2.4.2 河南省作答者养老意愿

利用 SPSS 软件做河南省作答者所在市域和养老意愿的交叉统计，如表 2-17所示。中青年人的养老意愿仍然是以居家养老为主，但比例有所下降，仅有不足 60%的中青年选择传统的居家养老方式；在非居家养老方式中，医养结合养老的方式颇受中青年青睐，其次是社区居家养老，仅有不到 5%的中青年选择机构养老，说明养老机构在河南省地区的宣传力度和建设水平还有待提高，河南省中青年的医疗健康意识在增强，更加关注未来的老年健康保健问题，希望拥有更加便捷和充分的医疗条件，同时当代中青年感受到养老压力和家庭压力，在传统居家养老观念和浓厚的家族情怀影响下，更倾向于介于居家养老和机构养老的社区养老方式。

表 2-17 河南省各市中青年养老意愿 单位：%

市	居家养老	社区养老	机构养老	医养结合养老
安阳市	75.0	0.0	4.2	20.8
鹤壁市	45.5	0.0	27.3	27.3
焦作市	61.5	0.0	23.1	15.4

表 2-17(续)

市	居家养老	社区养老	机构养老	医养结合养老
开封市	42.9	0.0	28.6	28.6
洛阳市	56.4	0.0	20.5	23.1
漯河市	100.0	0.0	0.0	0.0
南阳市	57.1	7.1	14.3	21.4
平顶山市	85.7	14.3	0.0	0.0
濮阳市	71.4	0.0	0.0	28.6
三门峡市	25.0	25.0	25.0	25.0
商丘市	62.5	6.3	18.8	12.5
济源市	50.0	0.0	0.0	50.0
新乡市	71.4	7.1	7.1	14.3
信阳市	38.1	14.3	23.8	23.8
许昌市	57.1	0.0	0.0	42.9
郑州市	56.3	6.8	17.5	19.4
周口市	64.3	0.0	21.4	14.3
驻马店市	16.7	0.0	41.7	41.7
最大值	100.0	25.0	41.7	50.0
最小值	16.7	0.0	0.0	0.0
总计	56.6	4.7	17.4	21.2

可视化各市中青年的养老意愿，如图 2-5 所示。与老人的养老意愿空间分布相比，中青年人的养老意愿在空间分布形式上更加丰富，非居家养老意愿在河南省各市的分布更加充分和均匀，说明河南省接近一半的中青年对未来养老生活产生了一些思考，不拘泥于传统的居家养老方式，接受更舒适便捷、有保障的养老方式。

居家养老意愿作为河南省中青年的主流养老方式，在平顶山市和漯河市的倾向比例高，具有传统居家养老观念的中青年人较多，周边地区的居家养老意愿不强烈，三门峡市和驻马店市的居家养老意愿比例较低，25%以下的中青年人选择居家养老；河南省北部地区除鹤壁市外，居家养老意愿比例较高，与中部地区的平顶山市和漯河市形成两个隔市呼应的高值区。整体来看，中青年的高比例居家养老意愿地区比老年人的有所减少，非居家养老在未来有较大的需求和较好的发展前景。

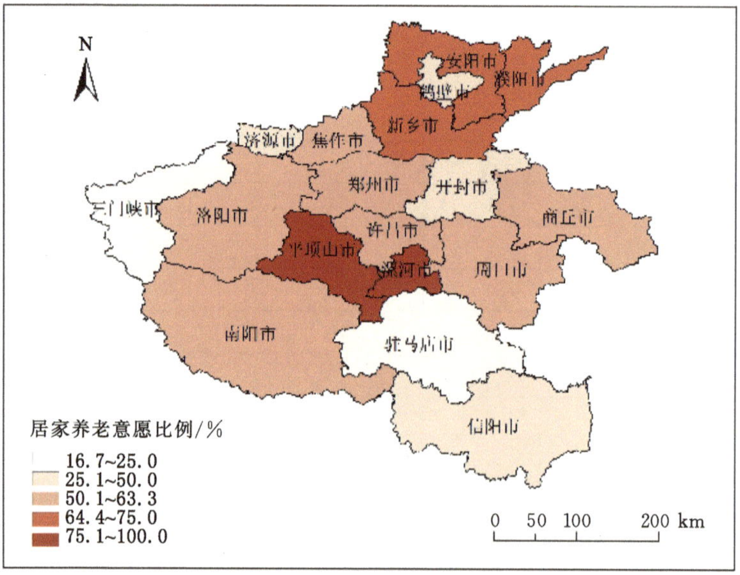

(a) 居家养老意愿分布

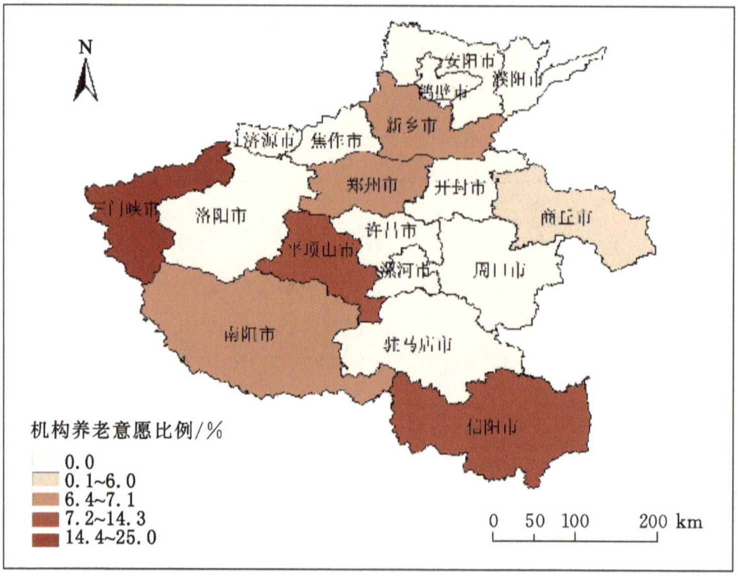

(b) 机构养老意愿分布

图 2-5 河南省作答者养老意愿空间分布示意图

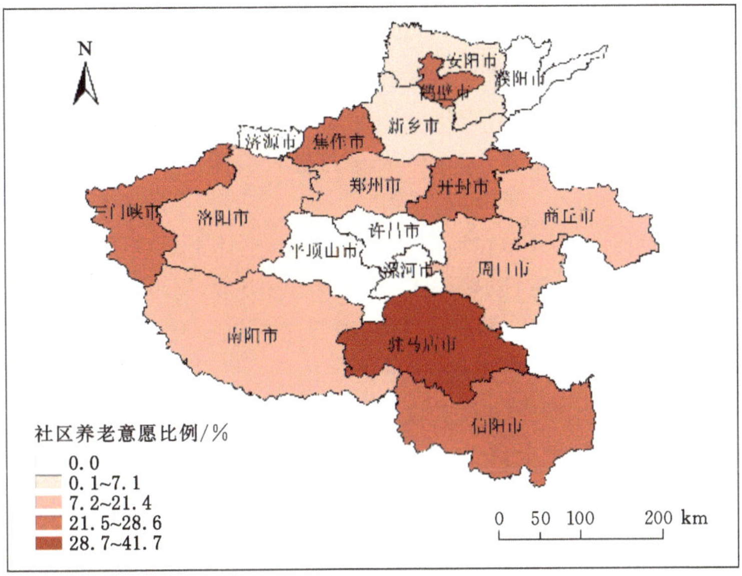

(c) 社区养老意愿分布

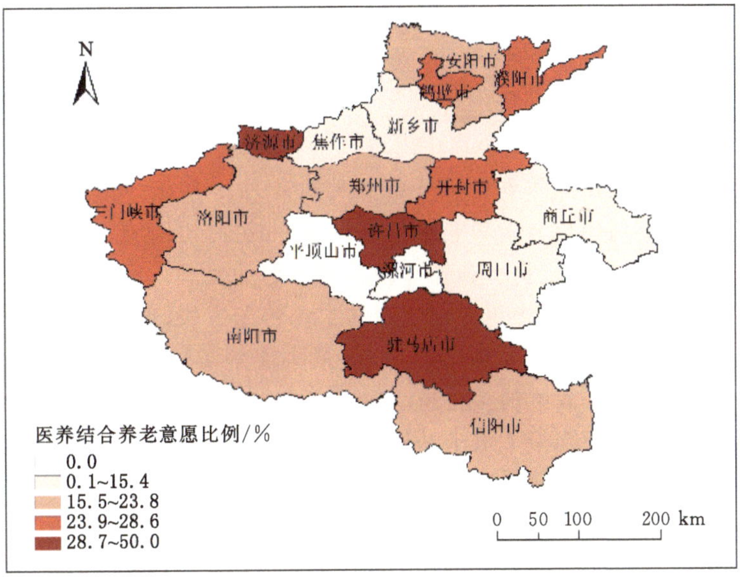

(d) 医养结合养老意愿分布

图2-5 （续）

机构养老意愿高比例分布在河南省的西南方向，三门峡市的机构养老比例高，相较于其他地区，中青年倾向机构养老方式的比较多，其次是平顶山市和信阳市，其他地区的机构养老意愿比例一般或者较低。整体上机构养老高比例有向全省蔓延的趋势，中青年人比老人对机构养老有更高的认可度，说明养老机构设施正在建设完善，中青年人对养老机构设施的满意度和认可度在提高。

社区养老意愿主要分布在河南省南部地区，整体上呈现圈状分布，驻马店市的社区养老意愿比例高，以郑州市、洛阳市、南阳市、周口市、商丘市为辅助，信阳市、开封市、鹤壁市、焦作市、三门峡市五市以同一比例等级，形成了河南省社区养老意愿的圈状分布格局，中心地区的平顶山市、许昌市和漯河市的社区养老意愿比例较低，形成中心空域。总体上河南省的社区养老意愿比例以驻马店市为最值点、辐射全省，中青年人普遍较倾向于社区养老方式，中部三市的社区养老设施水平还有待加强。

高比例的医养结合养老意愿分布在济源市、许昌市和驻马店市，呈现西北-东南线状分布，西南部地区和最北部地区的养老意愿比例层次在中上层，中青年人倾向具有充足完善医疗条件的医养结合养老设施，说明当下的医疗健康宣传力度到位，人民物质生活充沛，对健康养老的关注度提高，医养结合养老设施有较好的发展前景。

2.4.3 浙江省作答者养老意愿

浙江省各地级市的养老意愿分布情况如表2-18所示，可以看出，机构养老意愿分布的零值市比老人养老意愿分布显著减少，说明有较多的中青年偏向机构养老方式，未来机构型养老设施或有一定的发展。居家养老在各市的比值较高，总体上仍是中青年群体之间的主流养老方式，但有减少的趋势，部分地级市的居家养老意愿比例低于50%，最小值是衢州市的16%，说明浙江省的中青年已经有了较强的接受新型养老方式的意识。社区养老意愿的比例最大值在四种养老意愿最大值中是最小的，但在各市分布中的零值比例较少，分布相对机构养老来说较为充分。整体上看，在非居家养老意愿中，医养结合养老意愿是中青年群体主要倾向的养老方式，其最大值是三种非居家养老方式中最大的，在各地级市的零值最少，说明大多数地级市的中青年人较倾向医养结合养老方式，注重老年健康生活和医护照料。

表 2-18　浙江省作答者养老意愿分布　　单位：%

市	居家养老	社区养老	机构养老	医养结合养老
杭州市	9.0	61.2	10.4	19.4
湖州市	50.0	50.0	0.0	0.0
嘉兴市	0.0	55.6	22.2	22.2
金华市	15.4	46.2	15.4	23.1
丽水市	0.0	40.0	20.0	40.0
宁波市	6.9	62.1	6.9	24.1
衢州市	0.0	16.7	16.7	66.7
绍兴市	0.0	25.0	25.0	50.0
台州市	20.0	33.3	0.0	46.7
温州市	8.7	39.1	13.0	39.1
舟山市	0.0	100.0	0.0	0.0
最大值	50.0	100.0	25.0	66.7
最小值	0.0	16.7	0.0	0.0
总计	9	51.1	11.2	28.7

可视化地级市的各养老意愿比例如图 2-6 所示。机构养老意愿在各地级市中分布较为分散，以条带状分布在浙江省西北到东南方向，位于北部的湖州市机构养老意愿比例最高，其次是金华市和台州市，中青年群体对机构养老方式有一定的接受度，传统的居家养老观念有所松动，家庭养老比重有所下降；但仍有部分城市居民不看好机构养老方式，如嘉兴市、绍兴市、舟山市、衢州市、丽水市，机构养老意愿比例为零值，养老机构设施建设有待完善和加强。

各地级市的居家养老意愿分布具有一定的聚集性，集中分布在浙江省北部地区，舟山市的居家养老意愿比例最高，其次是嘉兴市、杭州市、宁波市，南部地区的居家养老意愿比例相对较低，整体上看，各地级市的居家养老意愿较强烈，不存在零值比例的地级市，居家养老方式是浙江省各市中青年群体的主流养老方式，特别是北部地区的中青年人，居家养老意愿更强烈，而绍兴市和衢州市的中青年人居家养老意愿较薄弱。

社区养老意愿以东北-西南条带状在浙江省分布，与机构养老意愿有相似的分布形式，比例最高的是绍兴市，其次是嘉兴市、丽水市，有高值聚集的趋势，高比例值的丽水市周围分布着较高比例值的衢州市、金华市、温州市，高比例值的绍兴市周围聚集着较高比例值的嘉兴市、杭州市、宁波市，说明中青年

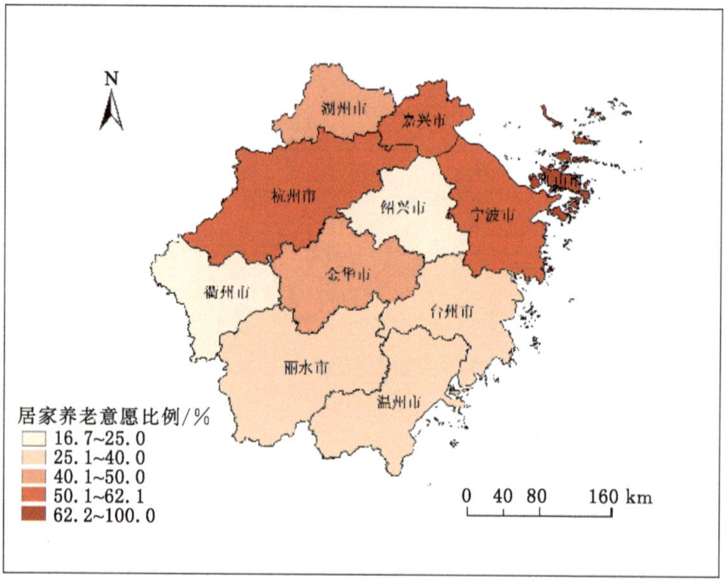

(a) 居家养老意愿分布

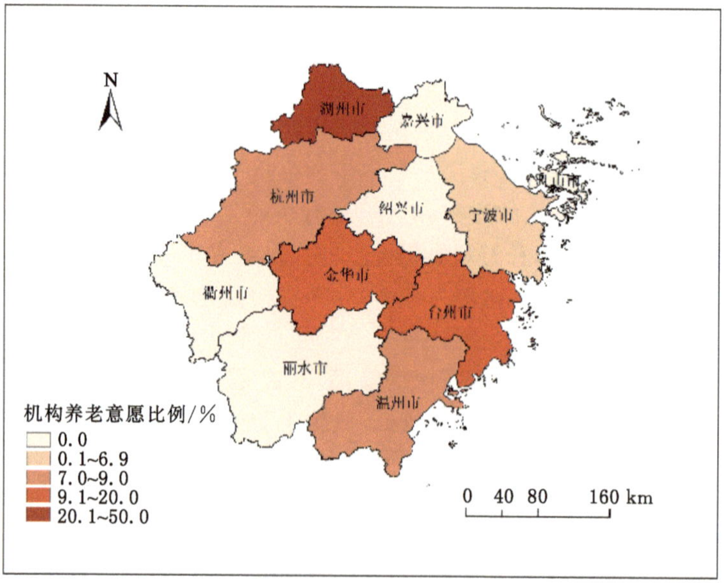

(b) 机构养老意愿分布

图 2-6　浙江省作答者养老意愿分布示意图

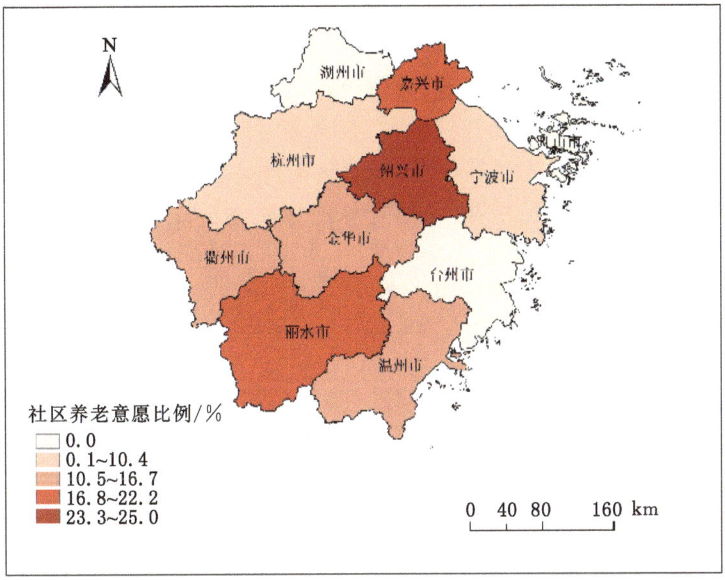

(c) 社区养老意愿分布

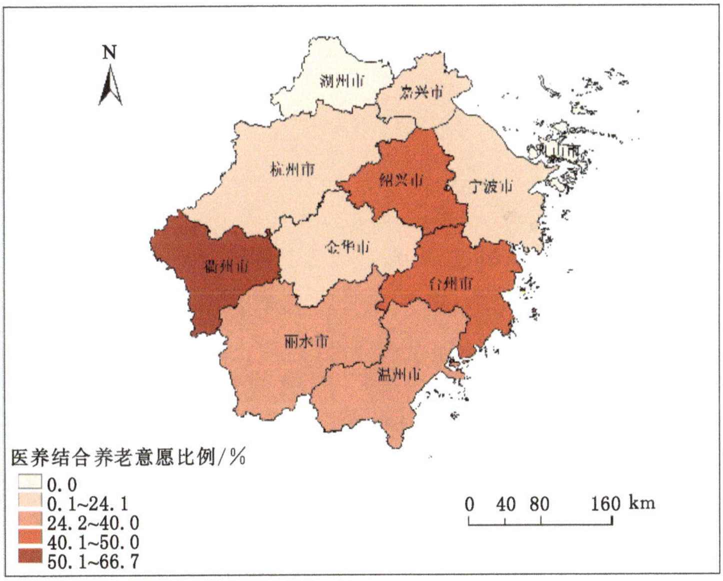

(d) 医养结合养老意愿分布

图 2-6 (续)

群体对社区养老方式的倾向程度在地域之间有一定的影响。

作为中青年群体倾向程度最高的非居家养老方式，医养结合养老意愿集中分布在浙江省的中部及南部地区，衢州市比例最高，其次是绍兴市、台州市。整体上看，浙江省各地级市的医养结合养老意愿倾向度较高，中南部地区的中青年群体的医疗健康意识较高，相比于普通功能的养老设施，更偏向具有医疗照料等特殊功能的养老设施；医养结合养老方式在浙江省南部地区的中青年群体中呼声较低，有进一步发展的空间。

2.5 综合分析

（1）三省样本统计特征对比

作答者的属性方面。三个省份的共同点是作答者年龄结构偏向青年新生力量，知识水平较高，身体健康，经济较为独立；不同点在于甘肃省、河南省的作答者未婚状态居多，居住偏向家庭型，浙江省的作答者已婚状态略高，夫妻独立居住的意愿较强。作答者的养老意愿方面，三个省份青年人的养老意愿排序均是居家养老、医养结合、社区养老、机构养老，甘肃省作答者的医养结合意愿高于其他两省，河南省作答者的居家社区养老意愿较高，浙江省作答者的机构养老意愿较高。

老人的属性方面。共同点是年轻老年人居多，与作答者的年龄分布相吻合，说明问卷作答质量较高，老人大多是已婚状态，学历普遍较低，健康状况良好，偏向家庭型居住方式，养老意愿排序均是居家养老、社区养老、医养结合、机构养老；不同点是由西北到东南方向的三个省份，老人学历层次、经济独立能力、家庭收入水平逐渐提高，居家养老意愿逐渐减弱、医养结合意愿逐渐增强。

（2）三省样本空间特征对比

由表 2-19 可知，空间上由西北地区到东南沿海地区，老人的居家养老意愿在逐渐减弱，分布由大面积聚集到小区域集中；社区养老意愿有先减弱后增强的趋势，由大面积聚集到局部点分布，再到整体聚集分布；机构养老意愿逐渐增强，分布由点到面，东南沿海较强烈；医养结合养老意愿逐渐增强，由点、星到面。整体上看，西北地区的居家、社区养老意愿较强烈，东南地区的机构养老意愿较强烈，中部地区的居家、机构养老意愿较突出，社区、医养结合养老意愿较低。

表 2-19　老人的养老意愿空间特征对比

省份	居家	社区	机构	医养结合
甘肃	比例普遍高，中南部高度聚集	比例较高，中北部聚集	普遍较低，分布极不均衡	点状分布，由东南向西北呈递增趋势
河南	圈层分布，中心和最外圈聚集	点状分布，由南向北呈减少趋势	西北-东南分布，西北部聚集	星状分布，西南部较高聚集
浙江	条带分布，中部条带高度聚集	分散格局，有高比例聚集趋势	聚集性显著，东南部高聚集	集中分布在东部沿海地带

由表 2-20 可知，空间上由西北地区到东南沿海地区，作答者养老意愿呈现与老人相似的分布趋势，居家养老意愿逐渐减弱，分布逐渐不充分，社区、机构、医养结合养老意愿逐渐增强，分布逐渐充分。对比老人养老意愿，作答者的社区和医养结合养老意愿显著增强，甘肃、河南居民的社区养老意愿从聚集、点状分布变化到圈状充分分布，三省居民的医养结合养老意愿从点、星、聚集分布变化到充分分布。

表 2-20　作答者的养老意愿空间特征对比

省份	居家	社区	机构	医养结合
甘肃	分布充分，高度聚集在中南部	分布较充分，聚集性不强	分布极不均衡，中部聚集	分布较充分，聚集在南部和西北部
河南	分布较充分，中北部较聚集	圈状分布，集中在南部地区	分布不充分，西南部比例高	分布较充分，西北-东南方向聚集
浙江	集中分布在北部地区	分布充分，东北-西南条带状分布	分布充分，西北到东南条带状分布	分布充分，集中在中南部

第 3 章　养老意愿影响因素

3.1　指标体系建立

3.1.1　问卷调查指标体系

问卷调查的结果是一系列的文字或数值变量，包括 0-1 型、排序型、连续型或者分级型等，探究养老意愿影响因素的方法一般要求变量是数字形式，由文字转换成数字需要相应的标准和依据，通过分析变量的性质，采用相应的赋值方法。前人分析问卷结果，一般采用李克特五级量表法、0-1 赋值法[74,80-83]、虚拟变量赋值、从 0 或 1 开始的整数赋值法以及相结合的方法[73,84-85]，进行文字-数字转换。参照前人的赋值方法，由于本问卷没有二元变量，部分自变量选项数超过 5，故采用从 1 开始的整数赋值法，具体指标数据如表 3-1 所示。

表 3-1　问卷指标体系

属性	变量	赋值
因变量	答卷人养老意愿	居家养老＝1，社区养老＝2，机构养老＝3，医养结合养老＝4
	老人养老意愿	居家养老＝1，社区养老＝2，机构养老＝3，医养结合养老＝4
自变量	性别	1＝男，2＝女
	答卷者年龄	1＝15～19 岁，2＝20～24 岁，3＝25～29 岁，4＝30～34 岁，5＝35～39 岁，6＝40～44 岁，7＝45～49 岁，8＝50～54 岁，9＝55～59 岁，10＝60～64 岁，11＝65～69 岁，12＝70～74 岁，13＝75～79 岁，14＝80 岁以上
	老人年龄	1＝60～64 岁，2＝65～69 岁，3＝70～74 岁，4＝75～79 岁，5＝80～84 岁，6＝85～89 岁，7＝90～94 岁，8＝95～99 岁，9＝100 岁以上
	答卷者婚姻状况	1＝未婚，2＝已婚，3＝离婚，4＝丧偶

表 3-1(续)

属性	变量	赋值
自变量	老人婚姻状况	1=未婚,2=已婚,3=离婚,4=丧偶
	答卷者学历	1=未上过学,2=小学,3=初中,4=普中/中专/职高,5=专科,6=本科,7=硕士及以上
	老人学历	1=未上过学,2=小学,3=初中,4=普高/中专/职高,5=专科,6=本科,7=硕士及以上
	答卷人居住情况	1=独居,2=与配偶居住,3=与家人同住,4=与保姆居住,5=住在养老院/医养机构中,6=其他
	老人居住情况	1=独居,2=与配偶居住,3=与家人同住,4=与保姆居住,5=住在养老院/医养机构中
	答卷人健康状况	1=完全健康,2=基本健康,3=患病生活基本自理,4=患病生活不能自理
	老人健康状况	1=完全健康,2=基本健康,3=患病生活基本自理,4=患病生活不能自理
	答卷人主要收入来源	1=父母给予,2=个人工作所得,3=财产性收入,4=低保或社会资助,5=离退休金,6=子女赡养
	老人主要收入来源	1=个人工作所得,2=财产性收入,3=低保或社会资助,4=离退休金,5=子女赡养
	家庭收入	1=负债,2=1 万元以下,3=1 万~3 万元,4=3 万~8 万元,5=8 万~15 万元,6=15 万~30 万元,7=30 万~100 万元,8=100 万元以上
	对智慧养老及手机的支持程度	1=支持程度低,2=一般,3=支持程度高
	对智慧养老及手机的了解程度	1=了解程度低,2=一般,3=了解程度高

3.1.2 社会经济指标体系

由第 2 章分析结果可知,不同地区的养老意愿倾向不同,不同的养老意愿在不同地区的空间分布各有差异,研究养老意愿空间差异的形成,除了居民个人特征因素外,与居住地区的社会经济指标和自然环境条件有着密切的联系,选取部分社会经济因素和自然因素,选取能够代表它们的变量,具体如表 3-2 所示。

表 3-2　社会经济与自然指标

	影响因素	变量	单位
经济因素	经济水平	生产总量	亿元
	人均收入水平	人均可支配收入(城镇)	元
		人均可支配收入(农村)	元
社会	医疗资源	医院	个
		医疗机构床位	张
		医护	位
	交通资源	道路长度	千米
	人口	老年人口	万
自然因素	绿化资源	绿化覆盖面积	公顷

3.2　居民自身属性

3.2.1　老人养老意愿分析

(1) 甘肃省

养老方式的选择或者倾向受到多种因素的影响，包括居民个人特征和所在地区的社会经济、自然特征。居民个人特征包含在问卷调查数据中，按照问卷指标体系赋值，利用交叉表卡方检验得到甘肃省老人养老意愿与各变量之间的关联关系，$P \leqslant 0.05$ 表示养老意愿与变量之间存在显著的关联关系，$P > 0.05$ 表示养老意愿与变量之间不存在显著的关系，整体判断对因变量有显著影响的因素有老人学历、居住情况、家庭年总收入，其他因素对甘肃省老人养老意愿的影响不显著。

由表 3-3 可知，选择居家养老意愿的老人中，有 65%以上的老人接受了基础教育，80%以上的老人处于初中等学历层次，存在 15.6%的老人未上过学，老人的教育水平普遍较低，开阔眼界和思想的机会较少，代代相传的经验观念较强，更容易选择传统的居家养老方式；90%的老人与配偶或家人居住，家庭型的居住方式使老人更加偏向居家养老方式；60%的老人家庭年总收入在 3 万～15 万元区间，总体偏向较低的收入层次。

选择社区养老意愿的老人中，半数以上是中高等教育层次，接受中高等教育的老人较多，知识水平比选择居家养老的老人稍高，较易接受新事物。70%

以上的老人是与配偶或家人居住的家庭型居住方式，超过 28%的老人处于相对独立的独居状态，相对于选择居家养老的老人，选择社区养老方式的独居老人比例较高，独居状态对老人的社区养老意愿有一定的增强影响；半数以上的老人家庭收入在 3 万～8 万元区间，整体上老人的家庭收入偏向较高层次。

表 3-3　甘肃省老人不同养老意愿的特征比较

变量	分类	居家养老（n=160）	社区养老（n=7）	机构养老（n=3）	医养结合养老（n=4）	χ^2	P
年龄	60～64 岁	21(13.1)	3(42.9)	1(33.3)	1(25)	13.027	0.790
	65～69 岁	41(25.6)	1(14.3)	1(33.3)	0(0)		
	70～74 岁	37(23.1)	0(0)	0(0)	0(0)		
	75～79 岁	30(18.8)	2(28.6)	1(33.3)	2(50)		
	80～84 岁	28(17.5)	1(14.3)	0(0)	1(25)		
	85～89 岁	1(0.6)	0(0)	0(0)	0(0)		
	90～94 岁	2(1.3)	0(0)	0(0)	0(0)		
婚姻状况	已婚	113(70.6)	6(85.7)	3(100)	3(75)	1.978	0.577
	丧偶	47(29.4)	1(14.3)	0(0)	1(25)		
学历	未上过学	25(15.6)	1(14.3)	0(0)	0(0)	41.093	0.000
	小学	58(36.3)	1(14.3)	0(0)	3(75)		
	初中	49(30.6)	2(28.6)	1(33.3)	1(25)		
	普中/中专/职高	23(14.4)	1(14.3)	1(33.3)	0(0)		
	专科	3(1.9)	0(0)	1(33.3)	0(0)		
	本科	2(1.3)	2(28.6)	0(0)	0(0)		
居住情况	独居	15(9.4)	2(28.6)	0(0)	1(25)	63.320	0.000
	与配偶居住	67(41.9)	2(28.6)	2(66.7)	2(50)		
	与家人居住	77(48.1)	3(42.9)	0(0)	1(25)		
	与保姆居住	1(0.6)	0(0)	0(0)	0(0)		
	住在养老院/医养机构	0(0)	0(0)	1(33.3)	0(0)		
健康情况	完全健康	7(4.4)	1(14.3)	1(33.3)	1(25)	8.844	0.452
	基本健康	83(51.9)	3(42.9)	1(33.3)	2(50)		
	患病生活基本自理	67(41.9)	3(42.9)	1(33.3)	1(25)		
	患病生活不能自理	3(1.9)	0(0)	0(0)	0(0)		

表 3-3(续)

变量	分类	居家养老 (n=160)	社区养老 (n=7)	机构养老 (n=3)	医养结合养老 (n=4)	χ^2	P
收入来源	个人工作所得	15(9.4)	2(28.6)	1(33.3)	1(25)	16.448	0.172
	财产性收入	6(3.8)	1(14.3)	0(0)	1(25)		
	低保或社会资助	27(16.9)	2(28.6)	1(33.3)	1(25)		
	离退休金	67(41.9)	0(0)	1(33.3)	0(0)		
	子女赡养	45(28.1)	2(28.6)	0(0)	1(25)		
家庭收入	负债	3(1.9)	0(0)	0(0)	0(0)	35.156	0.009
	1 万元以下	6(3.8)	0(0)	0(0)	1(25)		
	1 万～3 万元	29(18.1)	1(14.3)	1(33.3)	0(0)		
	3 万～8 万元	40(25)	4(57.1)	0(0)	0(0)		
	8 万～15 万元	56(35)	0(0)	2(66.7)	1(25)		
	15 万～30 万元	25(15.6)	1(14.3)	0(0)	1(25)		
	30 万～100 万元	1(0.6)	1(14.3)	0(0)	1(25)		

选择机构养老的老人中，学历平均处于中高等教育层次，接受教育的水平较高，60%以上的老人与配偶居住，同样有 60%以上的老人家庭收入在8 万～15 万元区间，较高学历、与配偶居住、收入偏高的老人较为偏向机构养老方式。

选择医养结合养老方式的老人中，学历均在基础教育类别，基础初等教育层次的老人占大多数，老人的知识水平中等偏下；75%的老人是与配偶或家人居住的家庭型居住方式，25%的老人处于独居状态，老人学历、居住情况与选择居家养老的老人相似；老人的家庭收入较高，75%的老人家庭年总收入在 8 万～100 万元区间，殷实的经济基础使老人更加注意养生健康问题，也足以支持医养结合养老的较高费用，中等偏下学历、家庭型居住方式、较高收入层次的老人偏向医养结合养老方式。

多元 Logistic 回归分析能够探测与因变量有关联的自变量的各个分类对因变量的影响程度，更细致地分析养老意愿的影响因素。选取居家养老意愿为参考类别，研究非居家养老意愿与老人学历、居住情况、家庭年总收入的各个分类的关系，$P \leqslant 0.05$ 表示分类与变量之间存在显著的关联关系，$P > 0.05$ 表示分类与变量之间不存在显著的关联关系，正负向的关联关系由系数 β 值决定，结果如表 3-4 所示。

表 3-4 老人养老意愿多元 logistic 回归分析

因变量	自变量	分类	β	SE	χ^2	P	OR
社区养老	学历	未上过学	−6.344	2.572	6.082	0.014	0.002
		小学	−6.311	2.386	6.995	0.008	0.002
		初中	−5.903	2.325	6.447	0.011	0.003
		普高/中专/职高	−6.013	2.501	5.781	0.016	0.002
		专科	−5.933	11.911	0.248	0.618	0.003
		本科	0^b	—	—	—	—
	居住情况	独居	0.757	6.707	0.013	0.91	2.131
		与配偶居住	−0.454	6.67	0.005	0.946	0.635
		与家人居住	−0.324	6.681	0.002	0.961	0.723
		与保姆居住	−0.433	0	—	—	0.648
		住在养老院/医养机构	0^b	—	—	—	—
	家庭收入	负债	−4.696	5.213	0.811	0.368	0.009
		1 万元以下	−4.422	4.587	0.929	0.335	0.012
		1 万～3 万元	−3.88	3.81	1.037	0.309	0.021
		3 万～8 万元	−3.52	3.76	0.877	0.349	0.03
		8 万～15 万元	−4.332	3.796	1.303	0.254	0.013
		15 万～30 万元	−4.286	3.909	1.202	0.273	0.014
		30 万～100 万元	0^b	—	—	—	—
机构养老	学历	未上过学	−0.532	16.83	0.001	0.975	0.587
		小学	−0.581	16.731	0.001	0.972	0.559
		初中	−0.456	16.728	0.001	0.978	0.634
		普高/中专/职高	0.627	16.721	0.001	0.97	1.872
		专科	7.037	16.828	0.175	0.676	1138.249
		本科	0^b	—	—	—	—
	居住情况	独居	−29.638	10.316	8.254	0.004	1.35E−13
		与配偶居住	−29.085	9.988	8.481	0.004	2.34E−13
		与家人居住	−29.989	10.062	8.882	0.003	9.46E−14
		与保姆居住	−30.627	0	—	—	5.00E−14
		住在养老院/医养机构	0^b	—	—	—	—

表 3-4(续)

因变量	自变量	分类	β	SE	χ^2	P	OR
机构养老	家庭收入	负债	−0.086	24.999	0	0.997	0.917
		1 万元以下	0.251	24.618	0	0.992	1.286
		1 万～3 万元	1.223	24.385	0.003	0.96	3.398
		3 万～8 万元	0.281	24.411	0	0.991	1.324
		8 万～15 万元	0.206	24.395	0	0.993	1.229
		15 万～30 万元	−0.251	24.446	0	0.992	0.778
		30 万～100 万元	0^b	—	—	—	—
医养结合养老	学历	未上过学	−1.107	13.654	0.007	0.935	0.331
		小学	0.671	13.567	0.002	0.961	1.957
		初中	0.252	13.574	0	0.985	1.286
		普高/中专/职高	−0.795	13.656	0.003	0.954	0.452
		专科	−0.206	20.154	0	0.992	0.814
		本科	0^b	—	—	—	—
	居住情况	独居	0.551	8.878	0.004	0.951	1.734
		与配偶居住	−0.049	8.781	0	0.996	0.952
		与家人居住	−0.07	8.796	0	0.994	0.933
		与保姆居住	0.503	0	—	—	1.653
		住在养老院/医养机构	0^b	—	—	—	—
	家庭收入	负债	−8.058	5.441	2.194	0.139	0
		1 万元以下	−4.034	3.303	1.492	0.222	0.018
		1 万～3 万元	−7.741	3.649	4.5	0.034	0
		3 万～8 万元	−7.94	3.62	4.81	0.028	0
		8 万～15 万元	−7.58	3.483	4.735	0.03	0.001
		15 万～30 万元	−7.141	3.557	4.03	0.045	0.001
		30 万～100 万元	0^b	—	—	—	—

注：b 表示此参数冗余，设置为零。

社区养老意愿中，学历中的未上过学、小学、初中、普高/中专/职高分类对社区养老意愿有显著影响，学历的高低显著影响老人在居家养老和社区养老之间的选择，其他变量分类的影响不显著；β 为负值，与居家养老意愿相比，初中等教育学历层次的老人仅接受了基础教育，更偏向代代相传的居家养老方式，在学历较低老人的居住地，社区养老方式比居家养老方式的被接受程度低。

机构养老意愿中，居住情况的独居、与配偶居住、与家人居住的变量分类关联关系显著，学历、家庭收入变量及分类的影响不显著，居住的群体性显著影响老人在居家养老和机构养老之间的选择；三个居住情况的 β 为负值，在机构养老和居家养老之间，与配偶或家人居住的家庭型居住老人更倾向居家养老方式，独居的老人仍偏向居家养老，机构养老方式整体的接受程度较低。

学历、居住情况的分类与医养结合养老意愿没有显著的关联关系，家庭收入的1万～3万元、3万～8万元、8万～15万元、15万～30万元四个分类对医养结合养老意愿有显著影响，收入的高低显著影响老人在居家养老和医养结合养老方式之间的选择；四个收入区间的系数 β 为负值，在居家养老和医养结合养老之间，中低收入的老人倾向居家养老方式，15万～30万元收入的 β 系数值较大，负向关联关系低于其他三个收入区间，表示家庭收入较高时，老人对居家养老的倾向度有所降低，对医养结合养老方式的期待度有所提高。

(2) 河南省

交叉表卡方检验得到河南老人养老意愿与各变量之间的关联关系如表3-5所示，老人的居住情况、健康状况、收入来源的卡方检验 P 值小于0.05，与老人的养老意愿有着显著的相关性，老人的年龄、婚姻状况、学历、家庭收入与养老意愿没有显著关联性。

表3-5 老人不同养老意愿的特征比较

变量	分类	居家养老 (n=288)	社区养老 (n=12)	机构养老 (n=7)	医养结合养老 (n=9)	χ^2	P
年龄	60～64岁	46(16)	2(16.7)	0(0)	2(22.2)	15.233	0.646
	65～69岁	70(24.3)	4(33.3)	4(57.1)	2(22.2)		
	70～74岁	78(27.1)	3(25)	1(14.3)	2(22.2)		
	75～79岁	39(13.5)	2(16.7)	0(0)	1(11.1)		
	80～84岁	36(12.5)	1(8.3)	1(14.3)	0(0)		
	85～89岁	12(4.2)	0(0)	0(0)	1(11.1)		
	90～94岁	7(2.4)	0(0)	1(14.3)	1(11.1)		
婚姻状况	已婚	200(69.4)	9(75)	5(71.4)	7(77.8)	0.45	0.93
	丧偶	88(30.6)	3(25)	2(28.6)	2(22.2)		

表 3-5(续)

变量	分类	居家养老(n=288)	社区养老(n=12)	机构养老(n=7)	医养结合养老(n=9)	χ^2	P
学历	未上过学	37(12.8)	2(16.7)	1(14.3)	1(11.1)	15.997	0.593
	小学	94(32.6)	3(25)	1(14.3)	2(22.2)		
	初中	80(27.8)	1(8.3)	5(71.4)	3(33.3)		
	普中/中专/职高	53(18.4)	5(41.7)	0(0)	3(33.3)		
	专科	10(3.5)	1(8.3)	0(0)	0(0)		
	本科	13(4.5)	0(0)	0(0)	0(0)		
	硕士及以上	1(0.3)	0(0)	0(0)	0(0)		
居住情况	独居	18(6.3)	1(8.3)	0(0)	1(11.1)	20.112	0.017
	与配偶居住	76(26.4)	3(25)	4(57.1)	4(44.4)		
	与家人居住	191(66.3)	8(66.7)	2(28.6)	3(33.3)		
	住在养老院/医养机构中	3(1)	0(0)	1(14.3)	1(11.1)		
健康情况	完全健康	25(8.7)	1(8.3)	4(57.1)	0(0)	22.76	0.007
	基本健康	131(45.5)	8(66.7)	1(14.3)	4(44.4)		
	患病生活基本自理	125(43.4)	3(25)	2(28.6)	5(55.6)		
	患病生活不能自理	7(2.4)	0(0)	0(0)	0(0)		
收入来源	个人工作所得	43(14.9)	4(33.3)	2(28.6)	0(0)	30.836	0.002
	财产性收入	8(2.8)	3(25)	0(0)	0(0)		
	低保或社会资助	51(17.7)	1(8.3)	0(0)	2(22.2)		
	离退休金	104(36.1)	1(8.3)	5(71.4)	4(44.4)		
	子女赡养	82(28.5)	3(25)	0(0)	3(33.3)		
家庭收入	负债	11(3.8)	0(0)	0(0)	0(0)	16.163	0.76
	1 万元以下	5(1.7)	1(8.3)	0(0)	1(11.1)		
	1 万～3 万元	42(14.6)	1(8.3)	0(0)	0(0)		
	3 万～8 万元	61(21.2)	2(16.7)	1(14.3)	2(22.2)		
	8 万～15 万元	80(27.8)	2(16.7)	2(28.6)	2(22.2)		
	15 万～30 万元	69(24)	6(50)	3(42.9)	3(33.3)		
	30 万～100 万元	19(6.6)	0(0)	1(14.3)	1(11.1)		
	100 万元以上	1(0.3)	0(0)	0(0)	0(0)		

选择居家养老和社区养老方式的老人中，一半以上的居住情况是与家人居住，而选择机构养老和医养结合养老方式的老人，居住情况占比最大的是与配偶居住，说明老人现有的居住方式对老人的养老意愿有着很大的影响，与家人居住的老人具有较强的传统养老观念，偏向于家庭型的社区居家养老模式，与配偶居住的老人独立意识更强烈，加之家庭情况的限制和影响，更倾向机构养老和医养结合养老方式。值得一提的是，选择医养结合养老的老人的居住情况中，与配偶居住和与家人居住的比例相差不大，侧面表现居民对医疗健康的重视。选择居家、社区和机构养老的老人健康状况中，比例最高的是完全健康或基本健康，医养结合养老意愿的老人的比例最高健康状况是患病，说明是否患病对老人选择医护型疗养机构或普通养老机构有较大影响，选择居家养老的老人有略低于最高比例的患病但生活基本自理情况，表明了居家养老在居民心中占有重要地位，从家庭收入可以看出居家养老的老人家庭收入集中区间值低于医养结合，收入情况是患病老人选择居家养老或医养结合的影响因素。离退休金是居家、机构和医养结合养老意愿的老人比例最高的收入来源，选择社区养老的老人，个人工作所得的收入来源多于其他收入来源。

综合来看，与家人居住、身体基本健康、离退休金为主要收入的老人倾向居家养老方式，与家人居住、身体基本健康、依靠个人工作获得收入的老人选择社区养老，与配偶居住、身体完全健康、离退休金为主要收入的老人偏向机构养老，与配偶居住、患病但生活能自理、离退休金为主要收入的老人更倾向医养结合养老方式。

采用多元 Logistic 回归分析方法，根据表 3-5 的单因素分析结果，研究与养老意愿有显著相关性的居住情况、健康状况和收入来源三个有统计学意义的变量，分析具体的相关影响情况，结果如表 3-6 所示。以居家养老方式为参考类别，分析非居家养老方式与居家养老的相关性。与居家养老意愿相比，独居、与配偶居住和财产性收入对老人选择社区养老有显著影响，与配偶居住、与家人居住对老人选择机构养老有显著影响，与家人居住对老人选择医养结合养老有显著影响。影响的正负性由回归系数 β 值体现。与居家养老方式相比，居住情况是独居或与配偶居住、主要收入是财产性收入的老人，更倾向于社区养老方式；居住情况是与配偶居住或与家人居住的老人，比起机构养老方式，更偏向于居家养老；与医养结合养老方式相比，与家人居住的老人更倾向居家养老。

表 3-6　老人养老意愿的多元 logistic 回归分析

养老方式	自变量	分类	β	SE	χ^2	P	OR
社区养老	居住情况	独居	15.766	1.147	189.057	0.000	7 028 645.618
		与配偶居住	14.925	0.729	419.591	0.000	3 031 953.848
		与家人居住	14.985	0	—	—	3 221 410.292
		住在养老院/医养机构中	0^b	—	—	—	—
	健康情况	完全健康	13.728	2718.715	0	0.996	916 133.932
		基本健康	14.557	2718.714	0	0.996	2 099 463.509
		患病生活基本自理	13.29	2718.714	0	0.996	591 059.421
		患病生活不能自理	0^b	—	—	—	—
	主要收入	个人工作所得	0.627	0.814	0.594	0.441	1.873
		财产性收入	2.579	0.951	7.354	0.007	13.182
		低保或社会资助	−0.733	1.184	0.383	0.536	0.481
		离退休金	−1.534	1.174	1.706	0.191	0.216
		子女赡养	0^b	—	—	—	—
机构养老	居住情况	独居	−17.856	1 446.507	0	0.99	1.76E−08
		与配偶居住	−3.628	1.747	4.313	0.038	0.027
		与家人居住	−4.933	1.78	7.678	0.006	0.007
		住在养老院/医养机构中	0^b	—	—	—	—
	健康情况	完全健康	14.883	3 072.417	0	0.996	2 908 049.443
		基本健康	11.569	3 072.417	0	0.997	105 743.351
		患病生活基本自理	12.752	3072.417	0	0.997	345 211.704
		患病生活不能自理	0^b	—	—	—	—
	主要收入	个人工作所得	14.255	740.709	0	0.985	1 551 339.089
		财产性收入	−0.088	3 211.654	0	1.000	0.916
		低保或社会资助	0.322	1 301.549	0	1.000	1.38
		离退休金	14.843	740.708	0	0.984	2 793 662.762
		子女赡养	0^b	—	—	—	—

表 3-6(续)

养老方式	自变量	分类	β	SE	χ^2	P	OR
医养结合养老	居住情况	独居	−1.626	1.563	1.082	0.298	0.197
		与配偶居住	−1.649	1.291	1.63	0.202	0.192
		与家人居住	−2.837	1.317	4.637	0.031	0.059
		住在养老院/医养机构中	0^b	—	—	—	—
	健康情况	完全健康	0.222	3522.449	0	1.000	1.249
		基本健康	14.312	3156.855	0	0.996	1643089.651
		患病生活基本自理	14.563	3156.855	0	0.996	2110981.874
		患病生活不能自理	0^b	—	—	—	—
	主要收入	个人工作所得	−14.115	1153.299	0	0.99	7.41E−07
		财产性收入	−14.814	3287.963	0	0.996	3.69E−07
		低保或社会资助	0.022	0.956	0.001	0.982	1.022
		离退休金	0.21	0.822	0.065	0.798	1.234
		子女赡养	0^b	—	—	—	—

注:b 表示此参数冗余,设置为零。

由此可见,独居或与配偶居住的老人,具有脱离子女独立生活的居住现状和相对独立的思想观念,同时受到中华传承忠孝美德影响,相对于传统的家庭养老方式,更愿意尝试贴近家庭的社区养老方式;与配偶或家人居住的老人,受当前居住情况的影响,相对于机构或医养结合养老方式,更倾向于舒适温暖、低成本的居家养老。主要收入是财产性收入的老人,具有一定的资本积累,有获得优质生活的能力,相比于居家养老,更倾向于服务质量高、不改变生活环境的社区养老方式。

(3) 浙江省

浙江省老人特征统计和交叉表卡方检验结果如表 3-7 所示,$P>0.05$ 的变量有老人年龄、学历、收入来源、家庭收入,变量的统计分布与老人养老方式的选择没有显著的关联关系;$P\leqslant 0.05$ 的变量有老人婚姻、居住情况、健康状况,与老人养老意愿有显著的关联关系,变量不同的分类数量与养老意愿选择情况有显著差异性。

表 3-7　浙江省老人不同养老意愿的特征比较

变量	分类	居家养老(n=158)	社区养老(n=11)	机构养老(n=3)	医养结合养老(n=6)	χ^2	P
老人年龄	60～64 岁	14(8.9)	2(18.2)	0(0)	2(33.3)	15.737	0.611
	65～69 岁	44(27.8)	4(36.4)	1(33.3)	2(33.3)		
	70～74 岁	49(31)	3(27.3)	1(33.3)	0(0)		
	75～79 岁	18(11.4)	0(0)	0(0)	2(33.3)		
	80～84 岁	16(10.1)	2(18.2)	1(33.3)	0(0)		
	85～89 岁	11(7)	0(0)	0(0)	0(0)		
	90～94 岁	6(3.8)	0(0)	0(0)	0(0)		
老人婚姻	未婚	1(0.6)	0(0)	0(0)	1(16.7)	21.786	0.001
	已婚	114(72.2)	11(100)	1(33.3)	5(83.3)		
	丧偶	43(27.2)	0(0)	2(66.7)	0(0)		
老人学历	未上过学	37(23.4)	1(9.1)	2(66.7)	1(16.7)	22.287	0.100
	小学	52(32.9)	0(0)	0(0)	1(16.7)		
	初中	41(25.9)	5(45.5)	0(0)	1(16.7)		
	普中/中专/职高	18(11.4)	3(27.3)	1(33.3)	2(33.3)		
	专科	4(2.5)	0(0)	0(0)	0(0)		
	本科	6(3.8)	2(18.2)	0(0)	1(16.7)		
老人居住	独居	12(7.6)	1(9.1)	0(0)	0(0)	180.063	<0.05
	与配偶居住	60(38)	6(54.5)	0(0)	3(50)		
	与家人居住	86(54.4)	4(36.4)	0(0)	3(50)		
	住在养老院/医养机构中	0(0)	0(0)	3(100)	0(0)		
老人健康	完全健康	8(5.1)	3(27.3)	0(0)	2(33.3)	17.053	0.048
	基本健康	86(54.4)	4(36.4)	1(33.3)	4(66.7)		
	患病生活基本自理	63(39.9)	4(36.4)	2(66.7)	0(0)		
	患病生活不能自理	1(0.6)	0(0)	0(0)	0(0)		
老人主要收入	个人工作所得	17(10.8)	0(0)	0(0)	2(33.3)	19.909	0.069
	财产性收入	9(5.7)	0(0)	0(0)	1(16.7)		
	低保或社会资助	23(14.6)	0(0)	2(66.7)	1(16.7)		
	离退休金	72(45.6)	9(81.8)	0(0)	2(33.3)		
	子女赡养	37(23.4)	2(18.2)	1(33.3)	0(0)		

表 3-7(续)

变量	分类	居家养老(n=158)	社区养老(n=11)	机构养老(n=3)	医养结合养老(n=6)	χ^2	P
家庭收入	负债	4(2.5)	0(0)	0(0)	0(0)	30.781	0.077
	1 万元以下	3(1.9)	0(0)	0(0)	0(0)		
	1 万～3 万元	3(1.9)	0(0)	0(0)	1(16.7)		
	3 万～8 万元	11(7)	0(0)	0(0)	3(50)		
	8 万～15 万元	54(34.2)	2(18.2)	2(66.7)	1(16.7)		
	15 万～30 万元	58(36.7)	8(72.7)	1(33.3)	0(0)		
	30 万～100 万元	23(14.6)	1(9.1)	0(0)	1(16.7)		
	100 万元以上	2(1.3)	0(0)	0(0)	0(0)		

浙江省老人婚姻状况有未婚、已婚、丧偶三种，倾向居家、社区养老方式的老人大多数是已婚状况，说明有伴侣的老人更偏向传统型居家养老，较为习惯家庭型社区养老方式，选择医养结合养老的老人中已婚状况占 80%以上，注重医疗健康的老人大多有伴侣，有携手健康度过老年生活的期待，选择机构养老意愿的老人大多数是丧偶状况，情感状态对老人的养老生活产生了一定的影响。

选择居家养老的老人中与家人居住的占多数，其次是与配偶居住，居家养老倾向度与老人居住情况有强相关；选择社区养老的老人中与配偶居住的居多，说明老人的独立生活意识较强，但保持较强的传统养老方式和习惯；在机构设施养老的老人居住情况是住在养老院或医养机构，说明作答者作答认真、如实填写，问卷收集有效性高；在医养结合设施养老的老人居住情况是与配偶或家人居住，变量的单个分类的差异性不显著。

老人健康变量的 P 值接近 0.05，健康状况与养老意愿之间的关联性较低，从样本统计亦可体现出来，居家、社区、医养结合养老方式的老人的健康状况主要是基本健康，机构养老方式的老人中，健康状况是患病但生活基本自理的居多；横向来看，无论健康状况如何，老人都偏向居家养老方式，再次印证了居家养老方式是老人的主流养老方式。

交叉表卡方检验得到老人婚姻状况、居住情况、健康状况与老人养老意愿有显著的关联关系，以养老意愿为因变量、居家养老为因变量的参考类别，对三个自变量做多元 logistic 回归分析，结果如表 3-8 所示。三个自变量对老人选择社区养老方式没有显著的影响，居住情况对老人选择机构养老方式有显著影响，对老人选择医养结合养老方式有较显著的影响；变量下的分类对养老意愿的影响各有差异，与居家养老意愿相比，老人的已婚状况对社区养老有一定的正向影响，在居家和社区养老方式中已婚老人会更倾向社区养老；独居或与配偶居住的居住情况对老人的机构养老意愿有显著影响，在居家和机构养老方式中独居老人、与配偶居住的老人偏向居家养老方式；与配偶居住的居住情况对老人选择医养结合的养老方式有一定的负向影响，在居家和医养结合养老方式中，与配偶居住的老人更倾向与居家养老方式。

表 3-8　浙江省老人多元 logistic 回归分析

养老意愿	变量	分类	β	SE	χ^2	P	OR
社区养老	婚姻	未婚	−0.777	849.776	0.000	0.999	0.460
		已婚	1.548	1.163	1.773	0.183	4.704
		丧偶	0^b	—	—	—	—
	居住情况	独居	0.554	1.296	0.183	0.669	1.740
		与配偶居住	−0.78	0.640	1.484	0.223	0.458
		与家人居住	−0.997	0.000	—	—	0.369
		住在养老院/医养机构中	0^b	—	—	—	—
	健康状况	完全健康	4.566	6.909	0.437	0.509	96.122
		基本健康	1.211	6.891	0.031	0.860	3.358
		患病生活基本自理	1.463	6.893	0.045	0.832	4.317
		患病生活不能自理	0^b	—	—	—	—
机构养老	婚姻	未婚	0.438	1 261.923	0.000	1.000	1.550
		已婚	0.143	2.774	0.003	0.959	1.154
		丧偶	0^b	—	—	—	—
	居住情况	独居	−60.354	4.113	215.379	0.000	6.14E−27
		与配偶居住	−60.453	2.326	675.672	0.000	5.57E−27
		与家人居住	−60.447	0	—	—	5.60E−27
		住在养老院/医养机构中	0^b	—	—	—	—
	健康状况	完全健康	0.419	14.237	0.001	0.977	1.52
		基本健康	0.118	13.174	0.000	0.993	1.125
		患病生活基本自理	0.094	13.207	0.000	0.994	1.099
		患病生活不能自理	0^b	—	—	—	—

表 3-8(续)

养老意愿	变量	分类	β	SE	χ^2	P	OR
医养结合养老	婚姻	未婚	14.200	122.565	0.013	0.908	1 469 375
		已婚	1.331	1.388	0.920	0.338	3.786
		丧偶	0^b	—	—	—	—
	居住情况	独居	−1.125	2.348	0.230	0.632	0.325
		与配偶居住	−1.566	0.864	3.283	0.070	0.209
		与家人居住	−0.980	0.000	—	—	0.375
		住在养老院/医养机构中	0^b	—	—	—	—
	健康状况	完全健康	3.840	9.305	0.17	0.680	46.513
		基本健康	1.215	9.284	0.017	0.896	3.371
		患病生活基本自理	0.065	9.330	0.000	0.994	1.067
		患病生活不能自理	0^b	—	—	—	—

注:b 表示此参数冗余,设置为零。

浙江省老人养老意愿的影响因素主要是婚姻状况、居住情况、健康状况。已婚老人拥有老年伴侣,更倾向独立清净但又具有家庭养老状态的社区养老方式;独居老人倾向居家养老的原因可能是老人处于年轻老年人的年龄段,身体健康,生活能够自理;与配偶居住的老人更倾向居家养老方式,老年人普遍有节俭的美德,居家养老的夫妻相互扶持照顾,减少养老机构、医养设施的养老费用支出。由表 3-8 可见,显著影响老人养老意愿的因素分类较少,大多类别的显著性低于 0.05,说明影响浙江省老人养老意愿的因素较为复杂,还需进一步探究。

3.2.2 作答者养老意愿分析

(1) 甘肃省

利用 SPSS 做甘肃省作答者的养老意愿与个人基本特征的交叉表卡方检验,由于显著性高的变量较少,故对其进行简单的描述。如表 3-9 所示,8 个基本特征变量与中青年人养老意愿的关联性不显著,显著性 P 值均大于 0.05,其中年龄、健康状况的 P 值低于 0.2,在 80%的可靠性下,中青年养老意愿的选择受到年龄、健康状况的影响。

表 3-9　甘肃省作答者交叉表卡方检验

变量	χ^2	P
性别	2.015	0.569
年龄	37.953	0.079
婚姻	3.789	0.285
学历	18.383	0.243
居住情况	10.741	0.294
健康状况	9.063	0.170
收入来源	10.183	0.600
家庭收入	15.744	0.610

年龄、健康状况的具体影响数据如表 3-10 所示。选择居家养老意愿的中青年人中，20～24 岁的人数接近 40％，92.8％的作答者年龄在 15～44 岁区间，7.2％的作答者年龄在 45～59 岁区间，作答者中的青年人数居多，中年人占比较少；完全健康的作答者在 70％以上，其余作答者的身体状况是基本健康，作答者身体素质良好。选择社区养老的作答者中，青年人比例是 85％，有 10％的中年人和 5％的年轻老年人，青年人数居多，但比居家养老意愿的青年人比例低；青年人身体状况良好的作答者占 95％，有 5％的作答者患病但能自理。选择机构养老方式的作答者中，80％以上的作答者年龄在 20～44 岁，16.7％的作答者年龄在 45～54 岁区间，青年人比例较居家和社区养老意愿的青年比例有所下降，中年人比例有所提高，作答者的健康状况是完全健康和基本健康，身体状态良好。选择医养结合养老方式的作答者中，92％的作答者是青年人群体，仅有 7.8％的作答者是中年人群体，作答者的身体状况良好。

对比四种养老意愿的结果，年轻的青年人较为偏向居家养老和医养结合的养老方式，究其原因，一方面是传统家庭养老的观念强烈，另一方面是青年人普遍的受教育程度较高，接受新事物能力较强，更注重老年的健康生活状态；中年人较为偏向社区或机构养老方式，尤其是机构养老方式，中年人已经感受到“上有老下有小”的不易生活，期望能减少自己年老后子女照料的压力。

表 3-10　甘肃省显著性变量交叉表

变量	分类	居家养老 (n=97)	社区养老 (n=20)	机构养老 (n=6)	医养结合养老 (n=51)
年龄	15～19 岁	2(2.1)	0(0)	0(0)	4(7.8)
	20～24 岁	38(39.2)	12(60)	1(16.7)	13(25.5)
	25～29 岁	17(17.5)	1(5)	1(16.7)	17(33.3)
	30～34 岁	18(18.6)	2(10)	2(33.3)	11(21.6)
	35～39 岁	8(8.2)	2(10)	0(0)	2(3.9)
	40～44 岁	7(7.2)	0(0)	1(16.7)	0(0)
	45～49 岁	2(2.1)	1(5)	0(0)	2(3.9)
	50～54 岁	4(4.1)	1(5)	1(16.7)	2(3.9)
	55～59 岁	1(1)	0(0)	0(0)	0(0)
	60～64 岁	0(0)	1(5)	0(0)	0(0)
健康状况	完全健康	69(71.1)	12(60)	4(66.7)	39(76.5)
	基本健康	28(28.9)	7(35)	2(33.3)	12(23.5)
	患病生活基本自理	0(0)	1(5)	0(0)	0(0)

以居家养老意愿为参考类别，对年龄、健康状况做多元 logistic 回归分析，结果如表 3-11 所示。显著性 P 值均大于 0.05，年龄和健康状况的分类与作答者养老意愿的关联性不显著，虽然年龄在比例上呈现出与养老意愿有一定的相关性，但回归分析得出这种相关性并不显著。作答者大多数是青年人，正处于学习奋斗时期或事业的起步期，对老年生活的认知和规划较少，存在主观的随意性，从而造成个人基本特征与养老意愿之间的相关性不强。

表 3-11　甘肃省作答者养老意愿多元 logistic 回归分析

养老意愿	变量	分类	β	SE	χ^2	P	OR
社区养老	年龄	15～19 岁	−37.062	37 570.61	0	0.999	8.02E−17
		20～24 岁	−21.735	37 478.23	0	1.000	3.64E−10
		25～29 岁	−23.557	37 478.23	0	0.999	5.88E−11
		30～34 岁	−22.954	37 478.23	0	1.000	1.07E−10
		35～39 岁	−22.032	37 478.23	0	1.000	2.70E−10
		40～44 岁	−38.363	37 562.66	0	0.999	2.18E−17
		45～49 岁	−21.461	37 478.23	0	1.000	4.78E−10
		50～54 岁	−22.31	37 478.23	0	1.000	2.05E−10
		55～59 岁	−38.694	38 044.34	0	0.999	1.57E−17
		60～64 岁	0^b	—	—	—	—
	健康状况	完全健康	−0.687	0.574	1.434	0.231	0.503
		基本健康	0^b	—	—	—	—
		患病生活基本自理	0^b	—	—	—	—
机构养老	年龄	15～19 岁	−15.097	4 928.456	0	0.998	2.78E−07
		20～24 岁	−1.044	1.57	0.442	0.506	0.352
		25～29 岁	−0.203	1.546	0.017	0.896	0.817
		30～34 岁	0.443	1.366	0.105	0.746	1.557
		35～39 岁	−15.422	2 909.45	0	0.996	2.01E−07
		40～44 岁	0.694	1.566	0.196	0.658	2.002
		45～49 岁	−14.916	4 597.662	0	0.997	3.33E−07
		50～54 岁	1.31	0	—	—	3.706
		55～59 岁	−15.992	0	—	—	1.13E−07
		60～64 岁	0^b	—	—	—	—
	健康状况	完全健康	0.222	0.947	0.055	0.815	1.249
		基本健康	0^b	—	—	—	—
		患病生活基本自理	0^b	—	—	—	—

表 3-11(续)

养老意愿	变量	分类	β	SE	χ^2	P	OR
医养结合养老	年龄	15～19 岁	1.04	65 125.64	0	1.000	2.828
		20～24 岁	−0.739	65 125.64	0	1.000	0.477
		25～29 岁	0.391	65 125.64	0	1.000	1.479
		30～34 岁	−0.086	65 125.64	0	1.000	0.918
		35～39 岁	−1.029	65 125.64	0	1.000	0.357
		40～44 岁	−16.315	65 145.68	0	1.000	8.22E−08
		45～49 岁	0.412	65 125.64	0	1.000	1.51
		50～54 岁	−0.196	65 125.64	0	1.000	0.822
		55～59 岁	−15.992	65 254.24	0	1.000	1.13E−07
		60～64 岁	0^b	—	—	—	—
	健康状况	完全健康	0.359	0.431	0.693	0.405	1.432
		基本健康	0^b	—	—	—	—
		患病生活基本自理	0^b	—	—	—	—

注:b 表示此参数冗余,设置为零。

(2) 河南省

河南省作答者养老意愿与个人基本特征的交叉卡方检验如表 3-12 所示,8 个基本变量的 P 值均大于 0.05,作答者个人基本特征对养老意愿的影响不显著;以 70%的可靠性为显著性标准,作答者的年龄、居住情况对养老方式的选择有一定的影响。

表 3-12 河南省作答者养老意愿与个人基本特征交叉卡方检验

变量	χ^2	P
性别	3.055	0.383
年龄	36.11	0.205
婚姻状况	3.544	0.738
学历	8.962	0.88
居住情况	14.635	0.262
健康状况	4.457	0.615
收入来源	9.873	0.627
家庭收入	14.935	0.826

年龄、居住情况的具体影响如表 3-13 所示。选择居家养老方式的作答者中，90％以上的是青年人，不到 7％的作答者是中年人，有少数的年轻老人；80％以上的作答者与家人或配偶居住，11.7％的作答者是独居状态。选择社区养老意愿的作答者中，接近 95％的是青年人，仅有不到 4％的作答者是中年人，有极少数的年轻老年人，选择社区养老方式的青年人比例比选择居家养老方式的略高，而选择居家养老方式的中年人较多；90％以上的作答者居住情况是与家人或配偶居住，仅有不到 4％的作答者处于独居状态，处于家庭型居住方式的作答者更偏向社区养老方式。选择机构养老意愿的作答者均为青年人，是四种养老意愿中青年人比例最高的，青年人接受新事物的能力较强，思想观念更加开放。作答者的居住方式均是与家人或配偶居住的家庭型居住方式。医养结合养老意愿的作答者中，90％以上的为青年人，7.5％的作答者是中年人，与居家养老意愿的作答者年龄比相似，没有老年人群；80％以上的作答者与家人或配偶居住，仅有 10％的作答者处于独居状态。

表 3-13　河南省显著性变量交叉表

变量	分类	居家养老 (n=179)	社区养老 (n=55)	机构养老 (n=15)	医养结合养老 (n=67)
年龄	15～19 岁	8(4.5)	3(5.5)	1(6.7)	2(3)
	20～24 岁	61(34.1)	20(36.4)	6(40)	23(34.3)
	25～29 岁	48(26.8)	10(18.2)	0(0)	22(32.8)
	30～34 岁	29(16.2)	17(30.9)	5(33.3)	11(16.4)
	35～39 岁	9(5)	2(3.6)	3(20)	3(4.5)
	40～44 岁	8(4.5)	0(0)	0(0)	1(1.5)
	45～49 岁	5(2.8)	2(3.6)	0(0)	3(4.5)
	50～54 岁	5(2.8)	0(0)	0(0)	1(1.5)
	55～59 岁	2(1.1)	0(0)	0(0)	1(1.5)
	60～64 岁	4(2.2)	0(0)	0(0)	0(0)
	65～69 岁	0(0)	1(1.8)	0(0)	0(0)
居住情况	独居	21(11.7)	2(3.6)	0(0)	7(10.4)
	与配偶居住	42(23.5)	22(40)	2(13.3)	16(23.9)
	与家人居住	108(60.3)	28(50.9)	13(86.7)	40(59.7)
	与保姆居住	1(0.6)	0(0)	0(0)	0(0)
	其他	7(3.9)	3(5.5)	0(0)	4(6)

综上所述，与家人或配偶居住的家庭型居住方式的作答者较偏向社区和机构养老，独居的作答者较偏向居家和医养结合养老。作答者大多数是青年人群，有较独立的思想和规划，从居住方式和养老意愿关系来看，青年人存在期待另一种生活方式的倾向，家庭型的现有居住方式的青年人偏向较为独立的、脱离家庭的养老方式，而独立居住方式的青年人较偏向居家养老方式。中年人较偏向居家养老和医养结合养老方式，中年人有较强的传统观念，对健康养生有较高的关注。

利用多元 logistic 回归分析研究年龄和居住情况的各个分类对养老意愿的影响程度，结果如表 3-14 所示。显著性 P 值均大于 0.05，作答者养老意愿与年龄、居住情况的分类没有显著的关联关系，交叉表卡方检验得到的变量与养老意愿的影响关系是存在的，但影响的程度较低，影响效果不显著，不能通过 95%的置信区间，因为中青年人在年龄上距离考虑养老问题的时期较远，目前的个人基本特征与未来养老方式的选择之间存在时间上的不匹配，两者的关联性自然较差。

表 3-14　河南省作答者养老意愿多元 logistic 回归分析

养老意愿	变量	分类	β	SE	χ^2	P	OR
社区养老	年龄	15～19 岁	−19.57	10879.41	0	0.999	3.17E−09
		20～24 岁	−19.738	10879.41	0	0.999	2.68E−09
		25～29 岁	−20.402	10879.41	0	0.999	1.38E−09
		30～34 岁	−19.619	10879.41	0	0.999	3.02E−09
		35～39 岁	−20.744	10879.41	0	0.998	9.79E−10
		40～44 岁	−36.126	10991.15	0	0.997	2.05E−16
		45～49 岁	−20.16	10879.41	0	0.999	1.76E−09
		50～54 岁	−35.707	11065.45	0	0.997	3.11E−16
		55～59 岁	−35.103	11215.48	0	0.998	5.69E−16
		60～64 岁	−36	11170.71	0	0.997	2.32E−16
		65～69 岁	0^b	—	—	—	—
	居住情况	独居	−1.302	1.028	1.604	0.205	0.272
		与配偶居住	0.645	0.818	0.623	0.43	1.907
		与家人居住	−0.337	0.746	0.204	0.651	0.714
		与保姆同住	−0.361	5650.276	0	1	0.697
		其他（学生公寓、公司宿舍等）	0^b	—	—	—	—

表 3-14(续)

养老意愿	变量	分类	β	SE	Wlad χ^2	P	OR
机构养老	年龄	15～19 岁	0.4	39 125.38	0	1	1.492
		20～24 岁	0.504	39 125.38	0	1	1.656
		25～29 岁	−14.447	39 134.94	0	1	5.32E−07
		30～34 岁	1.153	39 125.38	0	1	3.166
		35～39 岁	1.846	39 125.38	0	1	6.335
		40～44 岁	−14.949	39 233.06	0	1	3.22E−07
		45～49 岁	−14.299	39 204.48	0	1	6.16E−07
		50～54 岁	−15.079	39 287.69	0	1	2.83E−07
		55～59 岁	−15.334	39 471.79	0	1	2.19E−07
		60～64 岁	−15.687	39 422.58	0	1	1.54E−07
		65～69 岁	0^b	—	—	—	—
	居住情况	独居	0.293	2 569.131	0	1	1.341
		与配偶居住	14.182	2 184.623	0	0.995	1 442 697
		与家人居住	15.315	2 184.623	0	0.994	4 477 927
		与保姆同住	14.431	0	—	—	1 851 407
		其他(学生公寓、公司宿舍等)	0^b	—	—	—	—
医养结合养老	年龄	15～19 岁	−0.404	20 846.67	0	1	0.668
		20～24 岁	−0.022	20 846.67	0	1	0.979
		25～29 岁	0.224	20 846.67	0	1	1.251
		30～34 岁	0.006	20 846.67	0	1	1.006
		35～39 岁	−0.145	20 846.67	0	1	0.865
		40～44 岁	−1.132	20 846.67	0	1	0.323
		45～49 岁	0.443	20 846.67	0	1	1.557
		50～54 岁	−0.425	20 846.67	0	1	0.654
		55～59 岁	0.29	20 846.67	0	1	1.336
		60～64 岁	−15.985	20 984.58	0	0.999	1.14E−07
		65～69 岁	0^b	—	—	—	—
	居住情况	独居	−0.643	0.786	0.669	0.413	0.526
		与配偶居住	−0.373	0.757	0.242	0.623	0.689
		与家人居住	−0.424	0.677	0.393	0.531	0.654
		与保姆同住	−15.962	4 780.806	0	0.997	1.17E−07
		其他(学生公寓、公司宿舍等)	0^b	—	—	—	—

注:b 表示此参数冗余,设置为零。

（3）浙江省

浙江省作答者的交叉表卡方检验结果如表 3-15 所示，作答者的主要收入来源与养老意愿的关联性显著，在能接受 20%错误概率下，作答者的婚姻状况对养老意愿有一定的影响。

表 3-15 浙江省作答者交叉表卡方检验结果

变量	χ^2	P
性别	2.424	0.489
年龄	26.42	0.495
婚姻	4.75	0.191
学历	12.701	0.391
居住情况	6.679	0.671
健康状况	0.105	0.991
主要收入来源	20.475	0.015
家庭收入	17.014	0.71

具体的比例分布如表 3-16 所示。选择居家养老的作答者中，80%以上的主要收入来自个人工作所得，依靠自身能力获得生活的主要收入，超过 18%的作答者主要生活费是父母给予，依靠他人获得生活的主要收入；接近 60%的作答者婚姻状态是已婚。选择社区养老的作答者中，85%的主要收入来源是个人工作所得，95%的作答者依靠自己获得主要收入，仅有 5%的作答者依靠父母获得主要经济来源，80%的作答者是已婚状态。选择机构养老的作答者中，85%以上依靠个人工作获得主要生活收入，有 12%的作答者主要收入来源是父母给予，75%的作答者是已婚状态。选择医养结合养老的作答者中，超过 80%作答者的主要收入来源是个人工作所得，有 17%的作答者依靠父母获得主要收入，55%以上的作答者是已婚状态。对比来看，依靠个人能力获得主要经济来源的作答者倾向社区和机构养老方式，依靠他人获得主要收入的作答者偏向居家和医养结合养老方式，已婚的作答者更偏向社区养老和机构养老方式，未婚的作答者倾向居家养老和医养结合养老方式。

表 3-16　浙江省作答者显著性变量交叉表

变量	分类	居家养老（n=91）	社区养老（n=20）	机构养老（n=16）	医养结合养老（n=51）
主要收入	父母给予	17(18.7)	1(5)	2(12.5)	9(17.6)
	个人工作所得	74(81.3)	17(85)	14(87.5)	41(80.4)
	财产性收入	0(0)	2(10)	0(0)	0(0)
	离退休金	0(0)	0(0)	0(0)	1(2)
婚姻	未婚	37(40.7)	4(20)	4(25)	22(43.1)
	已婚	54(59.3)	16(80)	12(75)	29(56.9)

多元 logistic 回归分析结果如表 3-17 所示。所有变量分类的 P 值均大于 0.05，与养老意愿的关联性不显著。作答者的主要收入来源与养老方式的选择之间有显著的关联性，但每个收入来源与养老意愿的关联性不显著，不能显著地影响作答者的养老方式选择；选择非居家养老方式的作答者婚姻状况与选择居家养老方式的作答者婚姻状况之间有差异，回归分析发现未婚或已婚的婚姻状况差异不显著。同甘肃省、河南省的情况一样，作答者的个人基本特征与养老意愿之间的关联性不强，作答者中的青年人居多，青年人的年龄阶段与需要考虑养老问题的年龄段相差较大，作答者可能是以未来自身的中老年时期基本特征为参考，做出了养老方式的选择，因此目前的个人基本特征对未来的养老意愿产生的影响较小。

表 3-17　浙江省作答者养老意愿多元 logistic 回归分析

养老意愿	变量	分类	β	SE	χ^2	P	OR
社区养老	主要收入	父母给予	−0.771	1 588.225	0	1	0.463
		个人工作所得	0.165	1 588.225	0	1	1.18
		财产性收入	18.902	4 192.267	0	0.996	1.62E+08
		离退休金	0^b	—	—	—	—
	婚姻	未婚	−0.547	0.688	0.633	0.426	0.579
		已婚	0^b	—	—	—	—

表 3-17(续)

养老意愿	变量	分类	β	SE	χ^2	P	OR
机构养老	主要收入	父母给予	0.397	1 722.098	0	1	1.487
		个人工作所得	0.234	1 722.098	0	1	1.264
		财产性收入	0	0	—	—	1
		离退休金	0^b	—	—	—	—
	婚姻	未婚	−0.799	0.807	0.978	0.323	0.45
		已婚	0^b	—	—	—	—
医养结合养老	主要收入	父母给予	−13.89	673.132	0	0.984	9.29E—07
		个人工作所得	−13.684	673.132	0	0.984	1.14E—06
		财产性收入	−13.607	6 872.112	0	0.998	1.23E—06
		离退休金	0^b	—	—	—	—
	婚姻	未婚	0.226	0.426	0.282	0.595	1.254
		已婚	0^b	—	—	—	—

注:b 表示此参数冗余,设置为零。

3.3 社会因素

3.3.1 老人养老意愿分析

参照 3.1.2 所述社会经济指标体系,综合老人养老意愿占比和经济、社会、自然数据,将变量标准化并取加权平均值,得到表 3-18 所示的省市养老意愿影响因素关联表。

表 3-18 省市养老意愿影响因素关联表

省	市	居家养老	社区养老	机构养老	医养结合养老	总经济	人均收入水平	医疗资源	交通资源	绿化资源	老年比
甘肃	白银市	89.5	10.5	0	0	0.018	0.217	0.057	0.290	0.026	0.595
甘肃	定西市	100	0	0	0	0.013	0.129	0.110	0.303	0.023	0.520
甘肃	甘南藏	100	0	0	0	0.000	0.136	0.026	0.177	0.000	0.000
甘肃	嘉峪关	75	0	0	25	0.004	0.499	0.006	0.000	0.068	0.355
甘肃	金昌市	80	0	0	20	0.008	0.555	0.017	0.044	0.034	0.540

表 3-18(续)

省	市	居家养老	社区养老	机构养老	医养结合养老	总经济	人均收入水平	医疗资源	交通资源	绿化资源	老年比
甘肃	酒泉市	85.7	14.3	0	0	0.026	0.414	0.059	0.407	0.061	0.570
甘肃	兰州市	91.5	1.7	5.1	1.7	0.173	0.342	0.352	0.195	0.297	0.438
甘肃	临夏回	100	0	0	0	0.006	0.075	0.087	0.179	0.003	0.032
甘肃	陇南市	100	0	0	0	0.015	0.115	0.100	0.446	0.012	0.429
甘肃	平凉市	90	10	0	0	0.016	0.180	0.099	0.252	0.036	0.592
甘肃	庆阳市	90.9	9.1	0	0	0.035	0.217	0.089	0.394	0.013	0.531
甘肃	天水市	100	0	0	0	0.027	0.161	0.195	0.338	0.054	0.156
甘肃	武威市	100	0	0	0	0.018	0.235	0.100	0.313	0.022	0.570
甘肃	张掖市	83.3	16.7	0	0	0.015	0.239	0.075	0.262	0.050	0.526
河南	安阳市	100	0	0	0	0.133	0.197	0.185	0.312	0.096	0.550
河南	鹤壁市	83.3	8.3	0	8.3	0.051	0.212	0.061	0.099	0.056	0.431
河南	济源市	0	0	0	0	0.031	0.266	0.000	0.047	0.027	0.571
河南	焦作市	92.3	0	7.7	0	0.168	0.230	0.145	0.188	0.127	0.585
河南	开封市	90	10	0	0	0.142	0.155	0.179	0.224	0.102	0.611
河南	洛阳市	96.8	0	3.2	0	0.318	0.245	0.315	0.484	0.260	0.549
河南	漯河市	100	0	0	0	0.090	0.315	0.087	0.121	0.077	0.721
河南	南阳市	100	0	0	0	0.237	0.201	0.322	1.000	0.230	0.579
河南	平顶山	85.7	0	14.3	0	0.142	0.200	0.171	0.357	0.162	0.548
河南	濮阳市	87.5	0	0	12.5	0.090	0.191	0.115	0.160	0.073	0.509
河南	三门峡	100	0	0	0	0.081	0.158	0.083	0.240	0.098	0.643
河南	商丘市	95	0	0	5	0.178	0.114	0.192	0.613	0.178	0.538
河南	新乡市	87.5	0	12.5	0	0.178	0.221	0.233	0.326	0.143	0.509
河南	信阳市	85.7	9.5	4.8	0	0.168	0.146	0.195	0.663	0.071	0.610
河南	许昌市	100	0	0	0	0.210	0.217	0.154	0.237	0.141	0.637
河南	郑州市	86.9	6	1.2	6	0.750	0.347	0.671	0.333	1.000	0.203
河南	周口市	95.2	4.8	0	0	0.197	0.189	0.309	0.592	0.079	0.640
河南	驻马店	80	13.3	0	6.7	0.167	0.138	0.241	0.534	0.061	0.643
浙江	杭州市	94.3	3.8	0	1.9	1.000	0.984	1.000	0.405	0.810	0.458
浙江	湖州市	100	0	0	0	0.192	0.883	0.135	0.187	0.142	0.741
浙江	嘉兴市	91.7	0	0	8.3	0.340	0.953	0.192	0.193	0.175	0.612
浙江	金华市	100	0	0	0	0.286	0.797	0.297	0.314	0.043	0.404
浙江	丽水市	100	0	0	0	0.083	0.555	0.107	0.380	0.458	0.734
浙江	宁波市	83.3	6.7	3.3	6.7	0.776	0.976	0.505	0.271	0.565	0.536

表 3-18(续)

省	市	居家养老	社区养老	机构养老	医养结合养老	总经济	人均收入水平	医疗资源	交通资源	绿化资源	老年比
浙江	衢州市	85.7	14.3	0	0	0.089	0.596	0.127	0.199	0.108	1.000
浙江	绍兴市	90	10	0	0	0.367	0.957	0.267	0.242	0.314	0.820
浙江	台州市	70.6	17.6	5.9	5.9	0.324	0.832	0.270	0.315	0.239	0.629
浙江	温州市	87.5	4.2	4.2	4.2	0.422	0.839	0.378	0.361	0.420	0.435
浙江	舟山市	50	50	0	0	0.076	0.939	0.042	0.031	0.101	0.965

地理探测器是度量空间中两个变量的关联性的方法，通过空间异质性探测因变量与自变量之间空间分布格局的一致性，比一般统计量更能揭示因果关系，自变量对因变量的空间分异的解释力 q 值越大，自变量的影响程度越大，p 值越大，自变量的影响程度越显著。采用分位数法将六个因素分级，通过空间分层异质性及因子探测分析，得到居家、社区、机构、医养结合养老意愿的自变量解释力 q 及显著性 p，如表 3-19 所示。

q 统计值是 0.5 及以上的影响因素是核心影响因子，低于 0.5 的是次级影响因子。由表可知，统计值均低于 0.5，这里做相对核心影响因子分析，高于 0.1 的为城市养老意愿的核心影响因子。

居家养老意愿的核心影响因子是医疗资源(0.23)、总经济(0.14)、交通资源(0.13)，且显著性较好；社区养老意愿的核心影响因子是老年比(0.16)、总经济(0.14)、人均收入(0.13)，显著性较好；机构养老意愿的核心因子是绿化资源(0.20)、总经济(0.17)，显著性较好，医养结合养老意愿的核心因子是人均收入水平(0.168)、交通资源(0.167)，显著性较好。

表 3-19　三省老人养老意愿社会因素影响力

类别	统计值	总经济	人均收入水平	医疗资源	交通资源	绿化资源	老年比
居家	q	0.142 561	0.082 263	0.229 017	0.128 398	0.022 762	0.036 344
	p	0.317 801	0.510 177	0.129 398	0.418 137	0.944 555	0.845 174
社区	q	0.138 054	0.132 321	0.116 022	0.017 678	0.100 355	0.157 551
	p	0.284 832	0.316 284	0.364 254	0.953 641	0.455 104	0.232 554
机构	q	0.172 049	0.068 05	0.162 8	0.168 271	0.197 708	0.093 544
	p	0.191 066	0.641 264	0.215 096	0.200 666	0.136 571	0.490 863
医养结合	q	0.085 119	0.167 705	0.096 233	0.167 127	0.123 057	0.144 411
	p	0.529 742	0.203 667	0.462 497	0.185 308	0.342 533	0.257 905

结合表 3-18 和地理探测结果，分析三省老人养老意愿及其影响因素，居家养老意愿增强时，三省没有显著的地域差别，各省份均有一部分市域的老人偏向居家养老，居家养老是西北和东南地区的老人的主流养老方式；总经济、医疗资源和交通资源对老人的居家养老意愿有相对较强的影响力，交通资源充足时居家养老意愿较强烈。

总体上由甘肃到河南、浙江地区，老人社区养老意愿增强，甘肃老人意愿较低，河南和浙江的老人意愿较强烈；总经济、人均收入水平和老年比对城市老人社区养老意愿有相对较强的影响力，甘肃省总经济和人均收入偏低，老人社区养老意愿较弱。

整体上随着总经济升高，绿化资源增加，机构养老意愿由甘肃、河南、浙江逐步增强，西北地区人均收入较低，居民可能存在机构养老的费用压力，老龄比相对较低，养老压力较小，东南地区老人生活较富足，且老龄比较高，家庭养老压力大，老人更倾向机构养老。

老人医养结合养老意愿增强时，人均收入水平和交通资源有先增后减的趋势，西北地区和东南地区的单向变化趋势不显著。甘肃省嘉峪关市、金昌市的老人较倾向医养结合养老方式，地区人均收入水平较高，交通资源较低。老人的医养结合养老意愿在空间上的变化趋势不显著，经济较为发达的城市意愿较强烈。

3.3.2　作答者养老意愿分析

作答者养老意愿地理探测结果如表 3-20 所示，整体 q 统计值较小，采用相对核心影响因子评价因素的影响力，统计值高于 0.1 的为城市养老意愿的核心影响因子。医疗资源(0.12)和交通资源(0.15)是居家养老意愿的核心影响因子，社区和机构养老意愿的核心影响因子较少，分别是交通资源(0.26)、绿化资源(0.13)，医养结合养老意愿的核心影响因子较多，分别是总经济(0.14)、人均收入水平(0.13)和绿化资源(0.10)。

表 3-20　三省作答者养老意愿社会因素影响力

类别	统计值	总经济	人均收入水平	医疗资源	交通资源	绿化资源	老年比
居家	q	0.074 994	0.097 98	0.123 349	0.149 471	0.082 139	0.090 945
	p	0.621 181	0.476 363	0.357 882	0.241 056	0.577 574	0.502 437
社区	q	0.022 079	0.052 513	0.044 107	0.257 86	0.098 929	0.070 872
	p	0.932 496	0.732 497	0.799 666	0.055 644	0.458 361	0.628 736

表 3-20(续)

类别	统计值	总经济	人均收入水平	医疗资源	交通资源	绿化资源	老年比
机构	q	0.083 65	0.096 067	0.052 43	0.063 6	0.134 807	0.035 692
	p	0.547 377	0.480 104	0.742 918	0.667 528	0.307 109	0.853 762
医养结合	q	0.143 212	0.133 481	0.071 396	0.057 901	0.103 426	0.044 126
	p	0.254 921	0.314 98	0.605 307	0.705 427	0.418 384	0.793 048

由西北地区到东南沿海地区，老人的居家养老意愿在逐渐减弱，各省均有部分市域有较高的居家养老意愿，居家养老方式仍是青年群体的主流养老方式，与医疗和交通资源有较大的关联。社区养老意愿在三省之间的分布没有显著特征，社区养老意愿增强时，交通资源有丰富的趋势；机构养老意愿有从西北向东南逐渐增强的趋势，绿化资源越丰富，机构养老意愿越强烈；分布由点到面，东南沿海意愿较强烈；医养结合养老意愿在三省分布趋向均匀化，没有显著的强弱特征。总体来说，总经济和人均收入较高、绿化资源较丰富的地区，医养结合养老意愿较强烈。

3.4 综合分析

综合三省老人养老意愿自身影响因素，如表 3-21 所示。

表 3-21　三省老人养老意愿自身影响因素

省份	显著因素	因素类别的影响程度(参考类别：居家养老；±表示正负向影响)		
		社区	机构	医养结合
甘肃	学历、居住、家庭收入	初中等教育(−)	独居、与配偶家人居住(−)	收入 1 万～30 万元(−)
河南	居住、健康、收入来源	独居、与配偶居住、依靠财产性收入(+)	与配偶家人居住(−)	与家人居住(−)
浙江	婚姻、居住、健康	已婚(+)	独居、与配偶居住(−)	与配偶居住(−)

居住情况是三省老人养老意愿的共同显著影响因素，老人的现居模式很大程度上影响了老人的养老方式选择，与配偶家人居住的老人更倾向居家养老方式，独居老人较倾向社区养老方式；甘肃省处于低学历、较低家庭收入的

老人，在居家与社区、医养结合养老方式之间，更倾向居家养老；河南省具有稳定收入来源的老人，在居家与社区养老方式之间更倾向社区养老方式；浙江省婚姻状况稳定的老人，在居家与社区之间更倾向社区养老方式。综上所述，西北和中部地区老人的养老意愿选择与收入情况有很大关联，东南沿海地区老人养老意愿选择与个人情感状况有较强关系。

综合三省作答者养老意愿自身影响因素，如表 3-22 所示。甘肃、河南作答者的养老意愿与年龄有显著相关性，但因素类别的影响不显著。甘肃省完全健康的作答者更倾向医养结合养老方式，有长久保持身体健康的强烈意愿；河南省的独居作答者更倾向居家养老方式，有寻求温暖家庭生活的强烈意愿，与配偶居住的作答者更倾向社区养老方式；浙江作答者考虑收入稳定性和情感状况，表明当下年轻人看重收入高低和情感寄托，生活压力大，精神生活匮乏。

表 3-22　三省作答者养老意愿自身影响因素

省份	显著因素	因素类别的影响程度(参考类别:居家养老;±表示正负向影响)		
		社区	机构	医养
甘肃	年龄、健康	完全健康(－)	20－24(－)	完全健康(＋)
河南	年龄、居住	独居(－)、与配偶居住(＋)		独居、与配偶家人居住(－)
浙江	收入来源、婚姻	未婚(－)	未婚(－)	未婚(－)

综合老人和作答者养老意愿的社会核心影响因素，如表 3-23 所示。居民养老意愿的社会核心影响因素主要是总经济和交通资源，其次是人均收入、绿化资源。经济水平是人们选择养老方式的主要参考依据和基础，社会基础建设对居民的养老方式倾向影响较大。青年群体较老年群体更关心社会基础建设水平，如医疗、交通、自然环境，提高居民的经济实力、完善社会基础建设是保障居民晚年生活质量、提升居民生活幸福感的关键。

表 3-23　养老意愿社会核心影响因素

	居家	社区	机构	医养
老人	医疗资源、总经济、交通资源	老年比、总经济、人均收入水平	绿化资源、总经济	人均收入水平、交通资源
作答者	医疗资源、交通资源	交通资源	绿化资源	总经济、人均收入水平、绿化资源

第 4 章　养老设施服务能力评价

选取甘肃省、河南省和浙江省为例，研究我国不同区域的养老机构空间分布特征，采用多距离空间聚类分析(Ripleys K 函数)、核密度法和标准差椭圆评价三个地区养老机构的空间格局，并做出比较；结合上述地区经济社会数据，剖析空间格局的主要影响因子和次要影响因子，研究上述地区养老机构发展的潜在动力；以郑州市为例，研究城市尺度的养老机构服务能力，将人口纳入考量范围，利用改进潜能模型分析养老机构的空间可达性。

4.1　养老机构空间格局

4.1.1　数据来源及方法

研究所用数据如表 4-1 所示，养老机构数据使用八爪鱼采集器获取，经过属性整合、剔除无效字段、坐标提取、删除重复值等一系列的数据清洗操作，得到养老机构的名称、床位数、类型、性质、所在省市区/县、经纬度等属性。

表 4-1　数据来源

数据名称	数据来源	主要数据项	数据作用
养老机构名录	中国爱老网	机构类型	空间分析 郑州市养老机构 可达性分析
	居利家养老网	机构性质	
	春座养老网	机构床位数	
	轻松养老网	机构地址	
	幸福老年养老网、追年网	机构名称	
浙江省、河南省、甘肃省养老机构床位数	统计年鉴	统计年鉴床位数	空间分析、 计算千人床位数指标

表 4-1(续)

数据名称	数据来源	主要数据项	数据作用
浙江省、河南省、甘肃省基础地理数据	全国地理信息资源目录服务系统	地级市行政区划、GDP、人均可支配收入、境内公路长度、公园绿地面积	空间分析
浙江省、河南省、甘肃省人口信息	第七次人口普查公报	60岁以上人口	空间分析、计算千人床位数指标
郑州市基础地理数据	全国地理信息资源目录服务系统	区县级行政区划,路网、居民点、第六次人口普查65岁以上人口数	郑州市养老机构可达性分析

如表4-2所示,浙江省有1 930个养老机构,河南省有1 429个养老机构,甘肃省有368个养老机构;三个地区的养老机构包含福利院、护理院、敬老院、老年/养老公寓、疗养院、养老/老年社区、养老院、养老照料中心9种类型,相比其他两省,浙江省独具社区微小机构类型。养老机构分为公办、公建民营、民办和民办公助四种性质。

表 4-2 养老机构统计表

省份	养老机构数量	养老机构类型数量	养老机构性质
浙江	1 930	10	公办、民办、公办民营、民办公助
河南	1 429	9	公办、民办、公办民营、民办公助
甘肃	368	9	公办、民办、公办民营、民办公助

原始数据包括养老院、敬老院、福利院、养老公寓、养老照料中心、护理院、疗养院等其他种类机构共10种,种类繁多,现根据其类型将其分为4类[86],如表4-3所示。

表 4-3 养老机构分类表

省份	类型			其他
	机构养老	社区养老	医养结合	
浙江	养老院、福利院、敬老院	社区微小机构、老年公寓、日间照料中心、养老社区	养老院、护理院	其他

表 4-3(续)

省份	类型			其他
	机构养老	社区养老	医养结合	
河南	养老院、福利院、敬老院	老年公寓、日间照料中心、养老社区	养老院、护理院	其他
甘肃	养老院、福利院、敬老院	老年公寓、日间照料中心、养老社区	养老院、护理院	其他

4.1.2　研究方法

采用多距离空间聚类分析、核密度分析、标准差椭圆三种方法分析各省养老机构的空间分布。多距离空间聚类分析用于判断养老机构空间分布的聚类或离散程度，并为后续核密度分析提供最佳搜索半径。利用核密度分析方法计算养老机构的密度，标准差椭圆显示养老机构的分布方向。

(1) 多距离空间聚类分析

多距离空间聚类分析确定要素(或与要素相关联的值)是否显示与某一距离范围内统计意义显著的聚类或离散，公式如下：

$$L(d)=\sqrt{\frac{\sum_{i=1}^{n}\sum_{j=1,i\neq 1}^{n}k_{i,j}}{\pi n(n-1)}} \tag{4-1}$$

式中，d 是距离；n 为要素的总数目；$k_{i,j}$ 是权重。

如果没有边校正，当 i 与 j 之间的距离小于 d 时，则权重将等于 1，反之权重将等于 0。输出结果包括预期 K 值和观测 K 值、观测 K 值与预期 K 值的差值以及置信区间。本章中，多距离空间聚类分析将进行两次，目的是为核密度分析提供一个更加合适的搜索半径 r。研究区域方法选择最小外接矩阵法，即最大搜索半径为研究区域最小外接矩阵最大边长的四分之一。分析模式选择 NONE，设置迭代次数为十次，及将最大搜索半径分成十份，每一次增加十分之一进行迭代，直至迭代完毕。

结果图中，红线表示观测 K 值，蓝线表示预期 K 值。灰色双虚线表示置信区间。如果观测 K 值大于高置信区间则认为是聚类的，如果观测 K 值小于低置信区间则认为是离散的。观测 K 值与预期 K 值的差值 W 越大，则认为聚类越明显，差值最大时的观测 K 值是核密度中最佳搜索半径 r，即将第一次实验的观测 K 值与预期 K 值的差值最大时的前一次迭代距离 L_1 作为本次实验开始迭代的起点距离，后一次的迭代距离 L_2 与 L_1 差值的十分之一作为分析的迭代距离增量。

（2）核密度分析

核密度分析用于计算要素在其周围邻域中的密度，既可以计算点要素的密度，也可以计算线要素的密度。本书通过核密度分析计算养老设施的点密度，特别要说明的是，核密度分析的数据要求采用投影坐标系，其公式如下：

$$D = \frac{3\,(1 - \mathrm{scale}^2)^2}{\pi r^2} \tag{4-2}$$

式中，r 为搜索半径，此搜索半径由第二次多距离空间聚类分析得出；scale 为栅格中心到点对象的距离与搜索半径 r 的比例。

（3）标准差椭圆

标准差椭圆用来汇总地理要素的空间特征，即中心趋势、离散和方向趋势。公式如下：

$$C = \begin{pmatrix} \mathrm{var}(x) & \mathrm{cov}(x,y) \\ \mathrm{coy}(y,x) & \mathrm{var}(y) \end{pmatrix} \tag{4-3}$$

标准差椭圆数据同样要求使用投影数据来准确测量距离。一个标准差椭圆大小可以包含聚类中约 63%、98%、99%的要素。本书使用包含 63%的标准差椭圆，既不影响核密度也不影响养老机构分布方向的结果展示。

4.1.3 养老设施空间分布

如图 4-1 所示，首先，运用多距离空间聚类分析、核密度分析、标准差椭圆逐一探究浙江、河南、甘肃三省养老机构的空间分布。然后，将三个省份各个地级市的养老机构类别进行统计并且用饼形图展示出各个类型所占比例。最后，根据所采集的养老机构床位数以及国家统计局第七次人口普查数据，计算三个省各地级市的千人床位数，并与按照统计年鉴上查询到的各个省养老机构床位数和第七次人口普查计算出的千人床位数作为标准进行比较，各个省份千人床位数指标如表 4-4 所示。

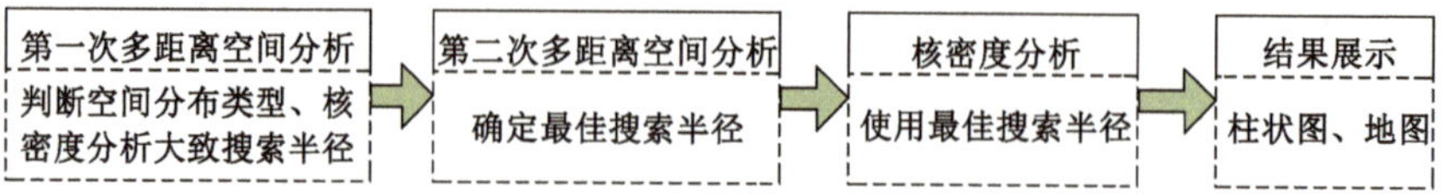

图 4-1 养老机构空间分析流程图

表 4-4　三省千人床位数指标

省份	养老机构床位数/张	60 岁以上人口数/人	千人床位数指标
浙江省	363 802	12 072 347	30.14
河南省	208 900	17 964 682	11.63
甘肃省	22 349	4 260 913	5.25

(1) 浙江省

由图 4-2 可知,观测 K 值始终大于高置信区间,所以浙江省养老机构的空间分布是聚类的。同时,根据表 4-5 可知,观测 K 值也是始终大于高置信区间的值,在第一次多距离空间聚类分析的二次迭代时差值达到了最大值后缓慢下降。根据上文所述,开始第二次多距离空间聚类分析,迭代开始距离设置为 42 000 m,迭代增量距离为 23 000 m,迭代 10 次。结果如表 4-6 所示,由表可见差值在第二次多距离空间聚类分析第八次迭代时达到了最大值 29 793.290 4 m。因此,在本次核密度分析的最佳搜索半径就是第二次迭代所对应的观测 K 值 87 893.290 4 m,四舍五入取 87 900 m。

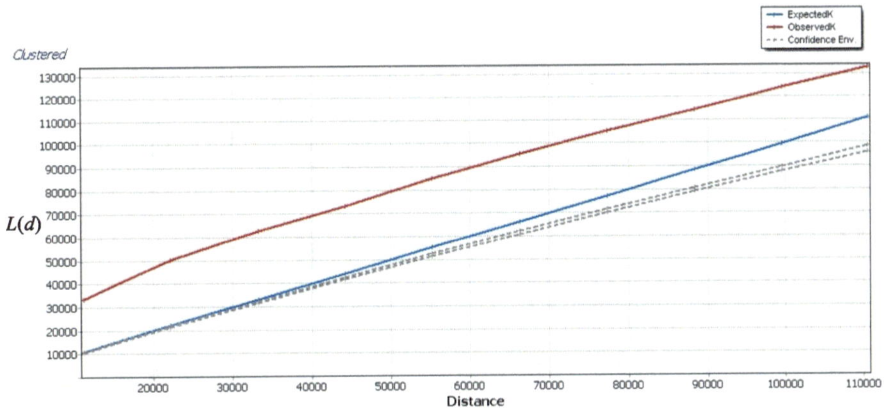

图 4-2　浙江省养老机构多距离空间聚类分析图

表 4-5　浙江省多距离空间聚类分析结果 1

迭代次数	预期 K 值	观测 K 值	差值	低置信区间	高置信区间
1	11 052.940 14	33 408.315 39	22 355.375 25	10 743.699 66	11 183.292 51
2	22 105.880 27	50 361.942 29	28 256.062 02	21 400.239 08	21 785.425 46
3	33 158.820 41	62 725.434 68	29 566.614 27	31 771.784 36	32 298.544 13
4	44 211.760 54	73 100.358 85	28 888.598 31	41 811.493 26	42 539.541 08

表 4-5(续)

迭代次数	预期 K 值	观测 K 值	差值	低置信区间	高置信区间
5	55 264.700 68	84 978.124 69	29 713.424 02	51 517.718 05	52 586.218 23
6	66 317.640 81	95 558.056 84	29 240.416 03	61 049.289 88	62 356.566 32
7	77 370.580 95	105 058.638 70	27 688.057 78	70 254.175 84	71 819.862 64
8	88 423.521 08	114 049.994 60	25 626.473 54	79 134.355 99	81 028.181 11
9	99 476.461 22	123 765.472 00	24 289.010 82	87 837.376 12	89 997.040 88
10	110 529.401 40	132 534.206 30	22 004.804 93	96 237.423 04	98 740.586 91

表 4-6　浙江省多距离空间聚类分析结果 2

迭代次数	预期 K 值	观测 K 值	差值	低置信区间	高置信区间
1	42 000	70 858.906 48	28 858.906 48	39 674.749 78	40 464.384 40
2	44 300	73 190.887 46	28 890.887 46	41 756.857 53	42 573.108 05
3	46 600	75 523.515 34	28 923.515 34	43 805.538 23	44 674.337 89
4	48 900	78 089.758 32	29 189.758 32	45 771.347 25	46 741.101 26
5	51 200	80 695.172 37	29 495.172 37	47 794.882 79	48 825.653 03
6	53 500	83 114.715 21	29 614.715 21	49 770.236 09	50 898.275 36
7	55 800	85 562.893 55	29 762.893 55	51 753.772 84	52 921.029 47
8	58 100	87 893.290 40	29 793.290 40	53 725.208 01	54 954.601 52
9	60 400	90 161.402 11	29 761.402 11	55 700.209 69	57 012.353 76
10	62 700	92 263.935 76	29 563.935 76	57 623.297 29	59 018.514 85

如图 4-3 所示，63%标准差椭圆中心位于绍兴市中部地区，从标准差椭圆的形态可知，浙江省养老机构呈现南北分布，北部密度大于南部，东部密度大于西部。浙江全省密度最大可达 0.137～0.192 个/km^2，杭州市东北部以及宁波市密度最大，丽水市、衢州市密度最小。

如图 4-4 所示，从养老机构类型来看，机构养老类型数目最多，即养老院、福利院和敬老院最多；其他类型的次之；社区养老位居第三；医养结合养老最少。社区养老在杭州市、温州市、台州市所占比例较大，医养结合类型养老机构以杭州市居多。如表 4-7 所示，从养老机构数量来看，杭州市养老机构最多，为 449 个；而舟山市养老机构最少，仅有 33 个。

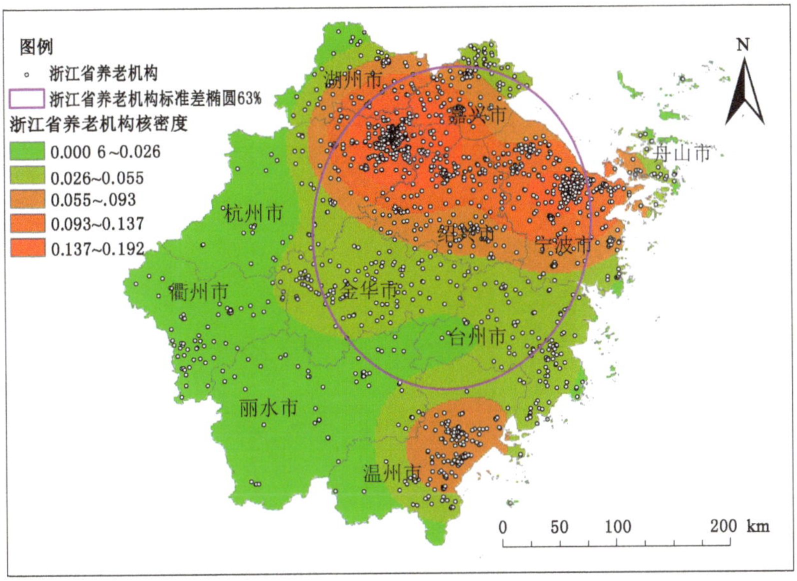

图 4-3　浙江省养老机构核密度分析与标准差椭圆

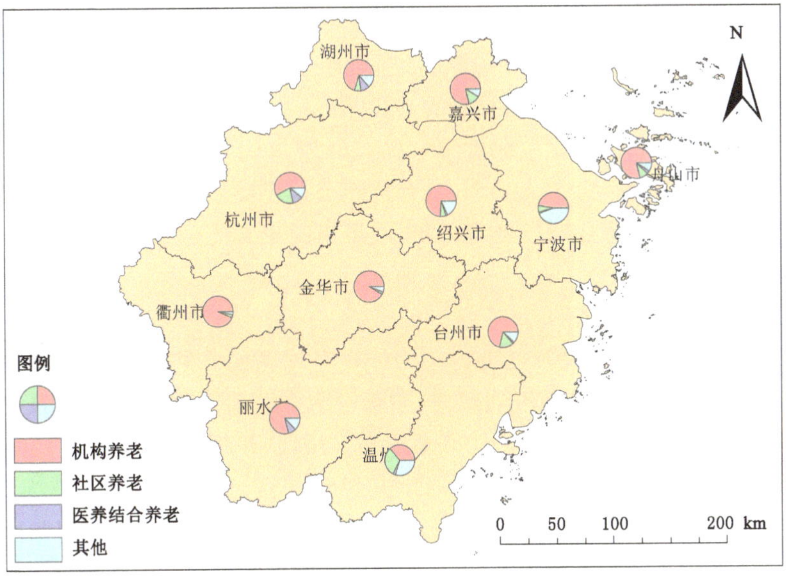

图 4-4　浙江省养老机构类别比例示意图

表 4-7 浙江省养老机构类别统计表

地级市	机构养老	社区养老	医养结合养老	其他
杭州市	260	91	49	49
宁波市	211	32	5	199
温州市	80	70	6	66
绍兴市	157	13	4	38
嘉兴市	100	16	1	11
台州市	89	19	2	15
金华市	107	3	0	7
湖州市	52	5	7	10
衢州市	57	2	0	2
丽水市	49	0	5	8
舟山市	26	3	1	3

如图4-5所示，杭州市千人床位数达到了48.47个，宁波市达到了33.99个，居浙江省前两位。位于西北部的舟山市，千人床位数最少，仅有8.51个。根据年鉴所示养老机构床位数及第七次人口普查60岁以上人口数，计算得浙江省千人床位数指标为30.14个，只有杭州市与宁波市达标，其他地级市均未达标。浙江省养老行业的发展不平衡，地级市间千人床位数悬殊较大。

(2) 河南省

由图4-6可知，河南省养老机构多距离空间聚类分析观测 K 值始终大于高置信区间，所以河南省养老机构空间分布是聚类的。同时，如表4-8所示，观测 K 值始终大于高置信区间的值，在第一次多距离空间聚类分析的六次迭代时差值达到了最大值然后开始逐渐下降。因此，根据上文所述，开始第二次多距离空间聚类分析，迭代开始距离设置为64 000 m，迭代增量距离为5 000 m，迭代十次。结果见表4-9，由表可见第二次多距离空间聚类分析第四次迭代时差值达到了最大值34 829.035 80 m。因此，本次核密度分析的最佳搜索半径为第四次迭代所对应的观测 K 值113 829.035 80 m，四舍五入取113 830 m。

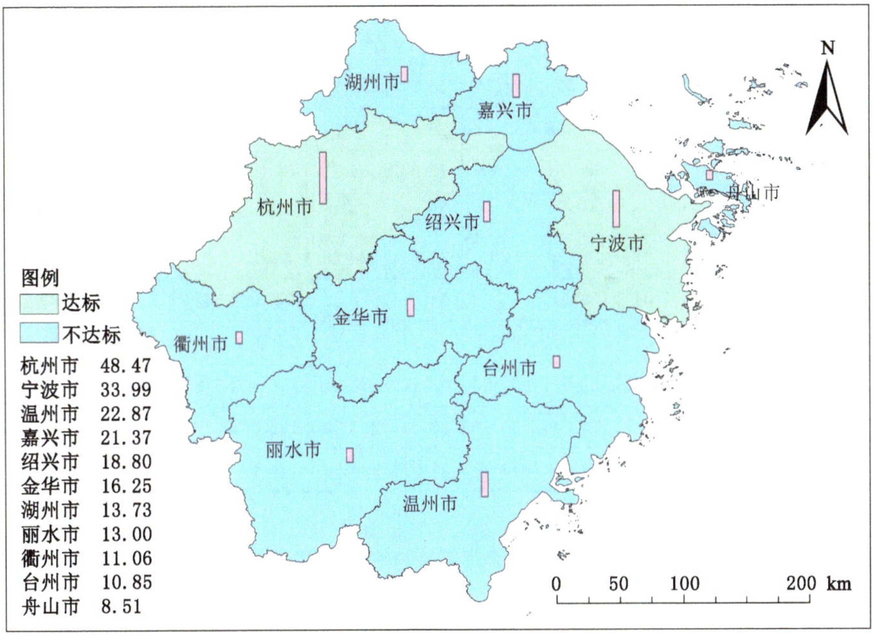

图 4-5　浙江省各地级市养老机构千人床位数示意图

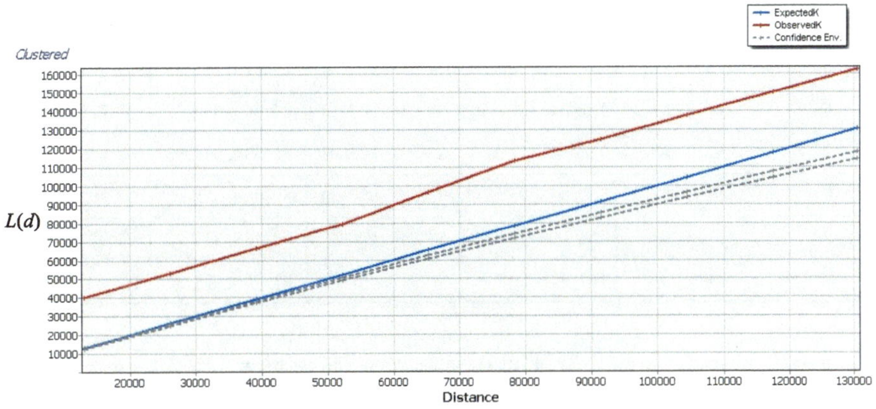

图 4-6　河南省养老机构多距离空间聚类分析图

表 4-8　河南省多距离空间聚类分析结果 1

迭代次数	预期 K 值	观测 K 值	差值	低置信区间	高置信区间
1	13 056.426 17	39 936.383 54	26 879.957 37	12 464.369 23	13 230.105 33
2	26 112.852 35	52 998.269 88	26 885.417 54	25 103.335 58	25 916.220 12
3	39 169.278 52	66 481.684 53	27 312.406 01	37 260.784 86	38 441.665 51
4	52 225.704 70	79 453.105 31	27 227.400 61	49 034.407 75	50 603.491 19
5	65 282.130 87	96 626.351 13	31 344.220 26	60 512.717 89	62 452.705 80
6	78 338.557 04	113 157.535 90	34 818.978 82	71 863.545 46	74 198.788 16
7	91 394.983 22	125 000.149 50	33 605.166 31	82 861.252 03	85 644.659 04
8	104 451.409 40	137 601.093 50	33 149.684 07	93 642.558 20	96 678.298 63
9	117 507.835 60	150 040.830 50	32 532.994 92	104 082.221 80	107 449.597 3
10	130 564.261 70	162 587.814 10	32 023.552 36	114 178.857 30	118 062.558 6

表 4-9　河南省多距离空间聚类分析结果 2

迭代次数	预期 K 值	观测 K 值	差值	低置信区间	高置信区间
1	64 000	94 626.041 48	30 626.041 48	59 929.101 24	61 469.780 47
2	69 000	102 225.11 14	33 225.111 42	64 242.152 28	66 011.538 58
3	74 000	108 682.511 00	34 682.511 04	68 598.228 01	70 524.749 42
4	79 000	113 829.035 80	34 829.035 80	72 922.483 99	74 959.040 94
5	84 000	118 586.931 00	34 586.931 00	77 119.763 55	79 391.944 24
6	89 000	122 946.201 40	33 946.201 40	81 346.864 23	83 731.103 52
7	94 000	127 301.771 90	33 301.771 92	85 534.011 90	88 015.900 09
8	99 000	132 322.957 70	33 322.957 69	89 609.395 62	92 309.643 79
9	104 000	137 166.402 30	33 166.402 32	93 688.317 75	96 517.720 18
10	109 000	141 957.898 00	32 957.897 95	97 754.051 28	100 815.802 20

如图 4-7 所示，河南省养老机构呈现东北-西南形态，63%标准差椭圆中心位于郑州市，与浙江省养老机构的分布有相似之处。全省中，郑州市密度最大，可达 0.086～0.12 个/km^2，信阳市密度最小，以郑州市为中心，依次向四周扩散，形成了 5 条清晰可见的密度带。

如图 4-8 所示，从养老机构类型来看，除济源市社区养老所占比例高于机构养老之外，其他 17 个地级市均为机构养老类型数目最多，即养老院、福利院

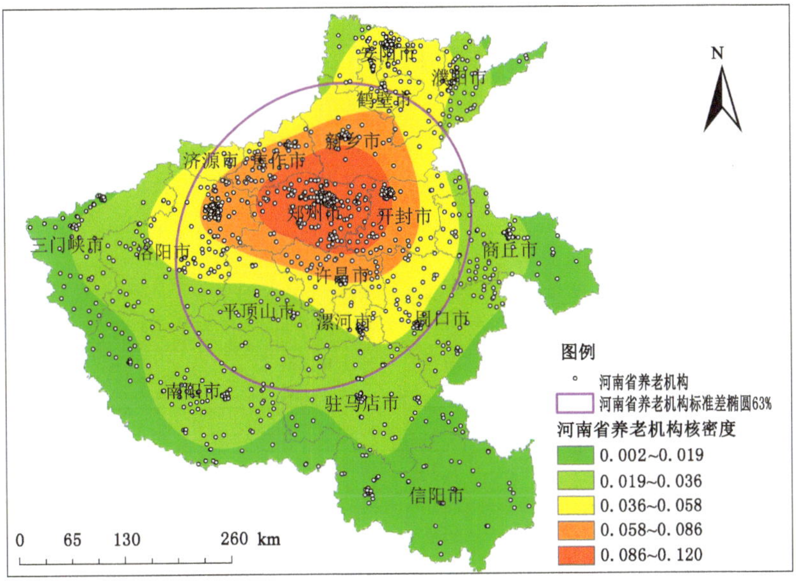

图 4-7　河南省养老院核密度分析与标准差椭圆

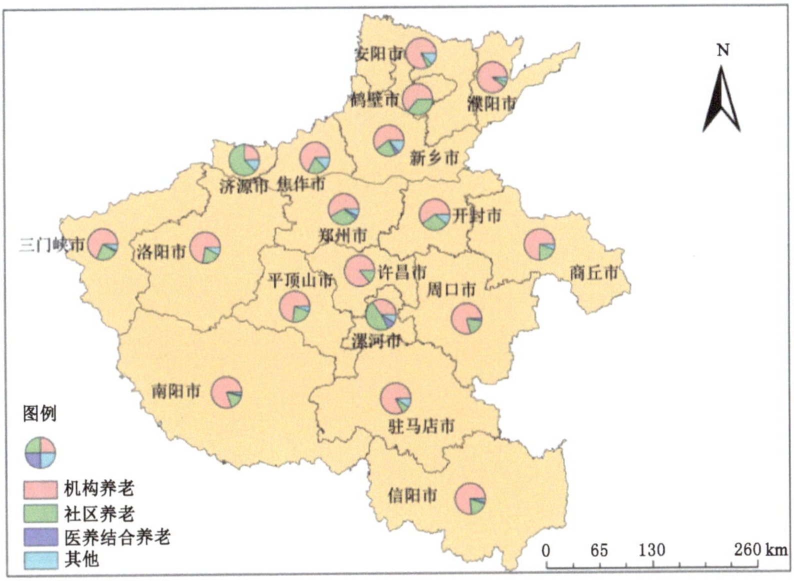

图 4-8　河南省养老机构类别比例示意图

和敬老院最多，与浙江省相似；社区养老次之；其他类型位居第三，医养结合养老最少。全省 1 429 个养老机构中，医养结合类型极其稀少，全省医养结合类型的养老机构只有 20 个，郑州市最多，也仅有 8 个，新乡市、漯河市、南阳市和周口市各有 2 个；医养结合类型的养老机构数量与其他三类养老机构数量差别较大。从养老机构数量来看，郑州市养老机构最多，有 238 个，而济源市养老机构最少，只有 8 个。

表 4-10　河南省养老机构类别统计表

地级市	机构养老	社区养老	医养结合养老	其他	地级市	机构养老	社区养老	医养结合养老	其他
郑州市	138	75	8	17	许昌市	45	7	0	0
开封市	77	38	1	14	漯河市	8	11	2	2
洛阳市	130	35	1	14	三门峡市	41	14	1	4
平顶山市	27	8	0	2	南阳市	106	20	2	4
安阳市	72	5	0	11	商丘市	54	14	0	4
鹤壁市	27	15	0	0	信阳市	42	10	1	2
新乡市	31	12	2	7	周口市	65	15	2	0
焦作市	37	11	0	7	驻马店市	52	5	0	6
濮阳市	54	3	0	3	济源市	2	5	0	1

如图 4-9 所示，河南省郑州市、洛阳市的千人床位数达到了 30 个以上，分别为 35.46 个、30.74 个，居河南省前两位。位于中部地区的平顶山市，千人床位数最少，仅有 3.11 个。根据年鉴所示养老机构床位数及第七次人口普查 60 岁以上人口数，计算得河南省千人床位数指标为 11.63 个。只有郑州市、开封市、洛阳市、鹤壁市和焦作市五个地级市达标，其他地级市均未达标，河南省各地级市的养老产业发展也存在不平衡的现象。

（3）甘肃省

如图 4-10 所示，甘肃省养老机构多距离空间聚类分析观测 K 值始终大于高置信区间，同时，如表 4-11 所示，观测 K 值也是始终大于高置信区间的值，甘肃省养老机构的空间分布是聚类的。第一次多距离空间聚类分析第四次迭代时差值达到了最大值后逐渐下降，根据上文所述，开始第二次多距离空间聚类分析，迭代开始距离设置为 105 000 m，迭代增量距离为 7 000 m，迭代十次。如表 4-12 所示，在第二次多距离空间聚类分析第十次迭代时差值达到

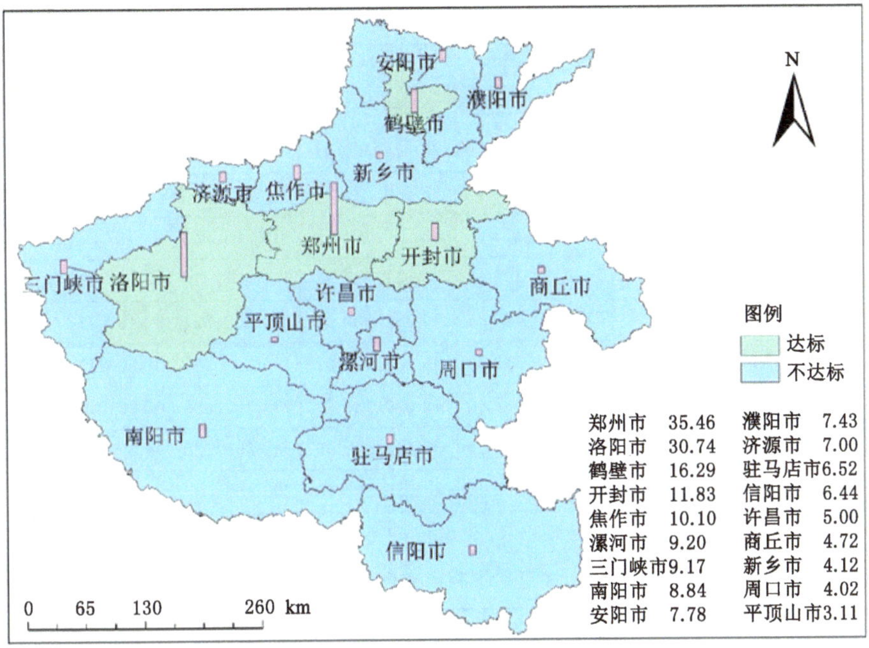

图 4-9 河南省各地级市养老机构千人床位数示意图

了最大值 88 365.479 86 m。因此，本次核密度分析的最佳搜索半径为第五次迭代所对应的观测 K 值 221 365.479 9 m，四舍五入取 221 365 m。

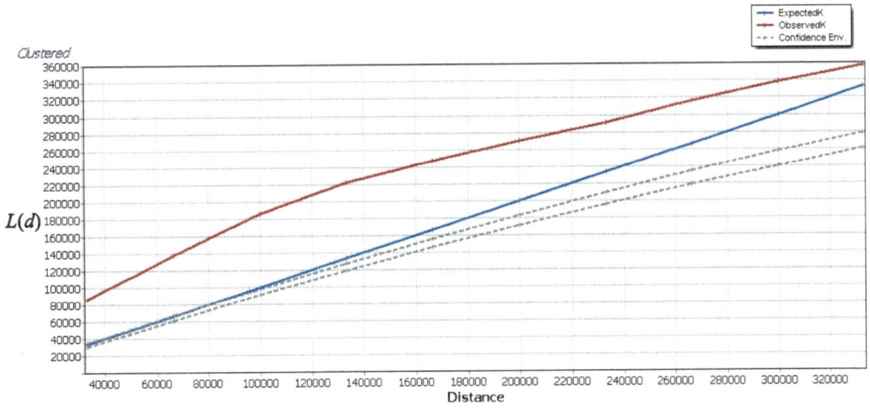

图 4-10 甘肃省养老机构多距离空间聚类分析结果

表 4-11　甘肃省多距离空间聚类分析结果 1

迭代次数	预期 K 值	观测 K 值	差值	低置信区间	高置信区间
1	33 291.315 57	85 661.213 65	52 369.898 08	30 271.801 05	34 268.447 36
2	66 582.631 14	137 259.367 10	70 676.735 97	61 184.883 10	66 882.744 14
3	99 873.946 71	186 516.952 60	86 643.005 87	91 596.865 39	97 449.638 74
4	133 165.262 30	221 457.453 60	88 292.191 32	119 108.983 80	127 224.291 10
5	166 456.577 90	247 408.406 30	80 951.828 43	145 645.270 70	155 397.429 50
6	199 747.893 40	270 081.473 50	70 333.580 07	171 203.522 20	182 627.786 90
7	233 039.209 00	291 197.313 50	58 158.104 52	195 360.207 70	209 308.013 90
8	266 330.524 60	315 960.958 40	49 630.433 79	218 300.835 60	234 303.363 50
9	299 621.840 10	337 967.332 20	38 345.492 09	239 695.126 30	257 682.666 20
10	332 913.155 70	357 298.455 20	24 385.299 49	260 460.007 50	278 848.891 90

表 4-12　甘肃省多距离空间聚类分析结果 2

迭代次数	预期 K 值	观测 K 值	差值	低置信区间	高置信区间
1	105 000	192 754.238 90	87 754.238 88	94 908.877 65	104 084.921 70
2	112 000	199 758.209 90	87 758.209 90	101 292.071 30	110 044.616 50
3	119 000	206 886.018 30	87 886.018 26	107 564.726 90	115 683.059 70
4	126 000	214 180.767 20	88 180.767 23	113 446.354 00	121 925.187 90
5	133 000	221 365.479 90	88 365.479 86	119 592.417 20	127 770.006 40
6	140 000	226 585.848 20	86 585.848 23	125 004.036 20	133 740.113 10
7	147 000	232 828.440 50	85 828.440 46	130 321.187 60	139 831.596 50
8	154 000	238 609.451 70	84 609.451 73	136 453.374 40	145 656.921 90
9	161 000	243 557.914 10	82 557.914 06	142 011.234 30	151 694.985 70
10	168 000	248 325.827 20	80 325.827 22	147 520.758 00	157 318.468 00

如图 4-11 所示，甘肃省养老机构呈现西北-东南分布，63%标准差椭圆中心位于白银市。甘肃省东南部和中部区域密度较大，即庆阳市和平凉市的东部地区、定西市北部和兰州市的南部，其中，定西市北部和兰州市南部密度最高，依次向外密度逐渐递减，甘肃省西北部地区养老机构密度偏低，最低值仅为 0～0.005 个/km^2。

由图 4-12、表 4-13 可见，甘肃省中机构养老占据主导地位，其他类型的养

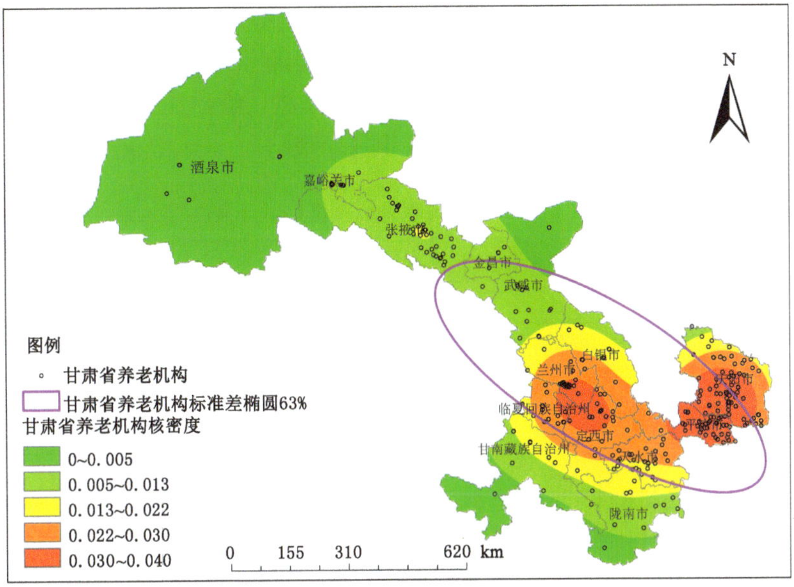

图 4-11　甘肃省养老机构核密度分析与标准差椭圆

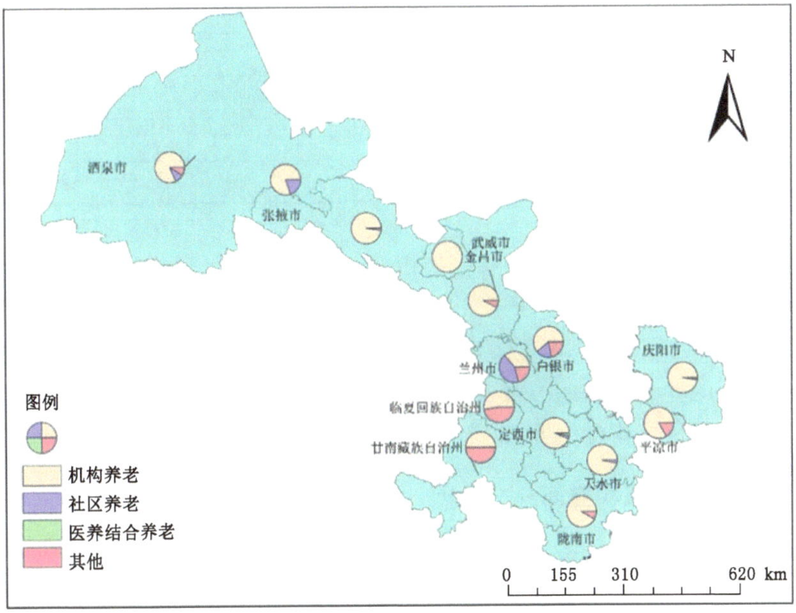

图 4-12　甘肃省养老机构类别比例示意图

老机构次之，社区养老位居第三，医养结合养老类型最少。临夏州、甘南州、兰州市、白银市和平凉市五个地级市中，其他类型的养老机构所占比例较为突出。社区养老在兰州市与嘉峪关市所占比例较高。值得注意的是，甘肃省仅有 1 家医养结合类型的养老机构，坐落于定西市。

表 4-13　甘肃省养老机构类别统计表

地级市	机构养老	社区养老	医养结合养老	其他
白银市	11	3	0	4
甘南藏族自治州	6	0	0	6
酒泉市	9	1	0	1
兰州市	12	14	0	7
庆阳市	77	1	0	1
临夏回族自治州	12	0	0	11
陇南市	11	0	0	1
平凉市	44	0	0	9
天水市	30	1	0	0
张掖市	40	1	0	0
金昌市	4	0	0	0
嘉峪关市	4	1	0	0
定西市	31	1	1	0
武威市	12	0	0	1

如图 4-13 所示，甘肃省只有张掖市的千人床位数达到了两位数，为11.58 个，位于北部的嘉峪关市和酒泉市以及位于东部的庆阳市千人床位数超过了 8，分别为 9.74、9.04、9.88，位于南部的陇南市，千人床位数只有 1.53。根据年鉴所查到的养老机构床位数及第七次人口普查的 60 岁以上人口数，计算得甘肃省千人床位数指标为 5.25 个，甘肃省只有 7 个地级市达到此指标。

4.1.4　省域养老机构空间分布对比

由三个省份的多距离空间分析结果（图 4-3、图 4-7 和图 4-11）可见，三个省份的养老机构分布均呈现聚类分布。浙江省和河南省养老机构密度最大的地区在中部偏北，甘肃在南部。如表 4-14 所示，单从三个省的养老机构数量比较，甘肃省养老机构数量与浙江省、河南省差距较大，而浙江省的养老机构

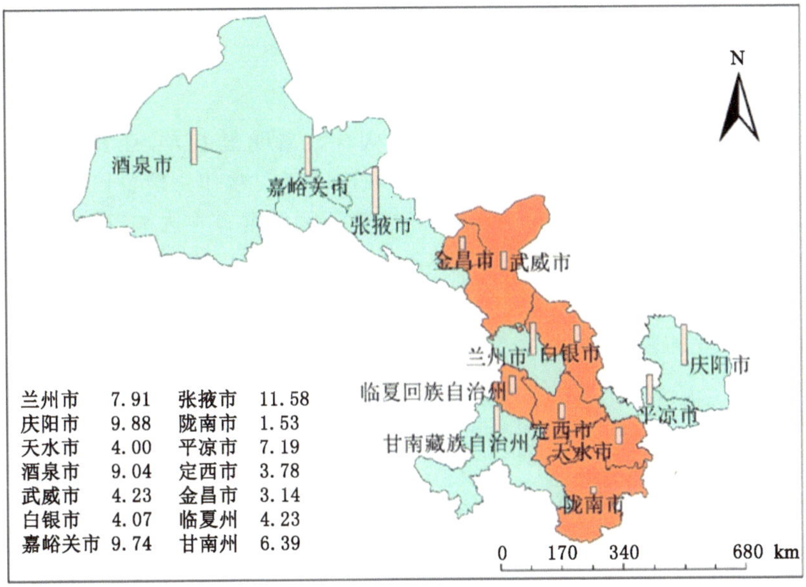

图 4-13　河南省养老机构千人床位数示意图

数量又比河南省多出 35%。三个省份的千人床位数同样存在较大差异，浙江省的千人床位数平均值是河南省的两倍有余，而河南省的千人床位数平均值又是甘肃省的将近两倍，核密度分析值同样体现了该差异。上述几项数据说明了三个省份之间的养老产业发展存在很大的差异，下一节将着重分析影响养老机构发展的因素。

表 4-14　三个省份养老产业对比

评价项目	浙江省	河南省	甘肃省
养老机构个数	1 930	1 429	368
养老机构床位数	294 316	199 471	25 219
60 岁以上老人总数	12 072 324	17 964 682	4 260 913
千人床位数平均值	24.38	11.10	5.92
核密度分析最大值	0.192	0.12	0.04
核密度分析最小值	0.000 6	0.002	0
密度最大区域	中部偏北	中部偏北	南部

4.2 影响养老机构发展的因素

由 4.1 节可见，省域、市域间养老机构存在着明显差异，三个省份的养老机构发展状况有所不同。本节使用每个城市的床位数作为衡量该城市养老机构发展状态的指标，探究何种因素对养老产业的发展存在影响，确定其影响程度。本节将逐一研究三个省份，采集各个城市的 GDP、人均可支配收入、65 岁以上人口总数、境内公路总长度以及公园绿地面积作为影响因素，探究各个因素对养老产业的影响。

4.2.1 研究方法

（1）数据标准化

数据标准化是将数据按比例缩放，使之落入一个小的特定区间，去除数据的单位限制，将其转化为无量纲的纯数值，便于不同单位或量级的指标进行比较和加权。如公式(4-4)所示，标准化后每个数值的取值范围为[0,1]。

$$x' = \frac{x - \min(x)}{\max(x) - \min(x)} \tag{4-4}$$

（2）地理探测器

空间分异性是地理现象的基本特点，地理探测器是探测和利用空间分异性的工具[87]，本节采用地理探测器探究 GDP、人均可支配收入、65 岁以上人口总数、境内公路总长度以及公园绿地面积五个影响因素对床位数的影响。地理探测器是探测空间分异性、揭示其背后驱动力的一组统计学方法。其核心思想是：如果某个自变量对某个因变量有重要影响，那么自变量和因变量的空间分布应该具有相似性。通过分别计算、比较各单因子 q 值及两因子叠加的 q 值，判断两因子是否存在交互作用，以及交互作用的强弱、方向、线性还是非线性等。两因子叠加，既包括相乘关系，也包括其他关系。

① 分异及因子探测：探测因变量 Y 的空间分异性，以及探测自变量 X_i 多大程度上解释因变量空间分异，该程度用 q 表示，q 的值域是[0,1]。总的来说，q 越大说明自变量 X_i 对因变量的空间分异性的解释力越大。公式如下：

$$\begin{cases} q = 1 - \dfrac{\sum\limits_{h=1}^{L} N_h \sigma_h^2}{N\sigma^2} = 1 - \dfrac{\mathrm{SSW}}{\mathrm{SST}} \\ \mathrm{SSW} = \sum\limits_{h=1}^{L} N_h \sigma_h^2, \mathrm{SST} = N\sigma_h^2 \end{cases} \tag{4-5}$$

式中，$h=1,\cdots,L$ 为变量 Y 或因子 X 的分层(Strata)，即分类或分区；N_h 和 N 分别为层 h 和全区的单元数；σ_h^2 和σ^2 分别是层 h 和全区的 Y 值的方差；SSW 和 SST 分别为层内方差之和(Within Sum of Squares)和全区总方差(Total Sum of Squares)。

每个 q 值所对应的 P 值代表了这个因子的显著性，P 值小于 0.05 则表示为差异显著，如果 P 小于 0.01，则差异极显著，即“某类型量 X 对因变量 Y 有影响”这一推断的可靠性越高。

② 交互作用探测：研究不同的两个自变量 X_1、X_2共同对因变量 Y 产生影响时，对 Y 的空间分析性解释力增强或减弱。如表 4-15 所示，具体实现是比较 $q(X_1)$、$q(X_2)$和 $q(X_1\cap X_2)$三者之间的关系。

表 4-15　交互作用探测依据

判据	交互作用
$q(X_1\cap X_2)<\min(q(X_1),q(X_2))$	非线性减弱
$\min(q(X_1),q(X_2))<q(X_1\cap X_2)<\max(q(X_1),q(X_2))$	单因子非线性减弱
$q(X_1\cap X_2)>\max(q(X_1),q(X_2))$	双因子增强
$q(X_1\cap X_2)=q(X_1)+q(X_2)$	独立
$q(X_1\cap X_2)>q(X_1)+q(X_2)$	非线性增强

③ 生态探测：探究两个自变量 X_1及 X_2对因变量 Y 的空间分布的影响是否存在显著性差异，以统计量 F 衡量，公式如下：

$$\begin{cases} F=\dfrac{N_{X_1}(N_{X_2}-1)\mathrm{SSW}_{X_1}}{N_{X_2}(N_{X_1}-1)\mathrm{SSW}_{X_2}} \\ \mathrm{SSW}_{X_1}=\sum_{h=1}^{L_1}N_h\sigma_h^2,\mathrm{SSW}_{X_2}=\sum_{h=1}^{L_2}N_h\sigma_h^2 \end{cases} \tag{4-6}$$

式中，N_{X_1} 和N_{X_2} 分别表示自变量 X_1、X_2的样本量；SSW_{X_1} 和SSW_{X_2} 分别表示由自变量 X_1、X_2形成的分层的层内方差之和；L_1、L_2分别表示自变量 X_1、X_2的分层数目。

其中零假设 H_0：$\mathrm{SSW}_{X_1}=\mathrm{SSW}_{X_2}$。如果在置信水平 α 下拒绝 H_0，则认为自变量 X_1、X_2对因变量 Y 的空间分布的影响存在着显著性差异。

4.2.2　数据处理流程

首先，对各影响因素数据进行标准化。地理探测器使用时自变量必须为类型量，因变量可以为连续型变量或是二值变量，因此，将采集到的自变量类型转换为类型数据。地理探测器可容纳最大样本量为 32 767，为此根据浙江、河南、甘肃的省份面积，分别生成三省的渔网图，像元大小分别为 4 000、6 000、10 000，据此对三省的床位数、GDP、人均收入、境内公路、公园绿地面积、65 岁以上人口栅格化，像元大小与行政边界渔网化的像元大小一致。最后，使用地理探测器分析，具体流程如图 4-14 所示。

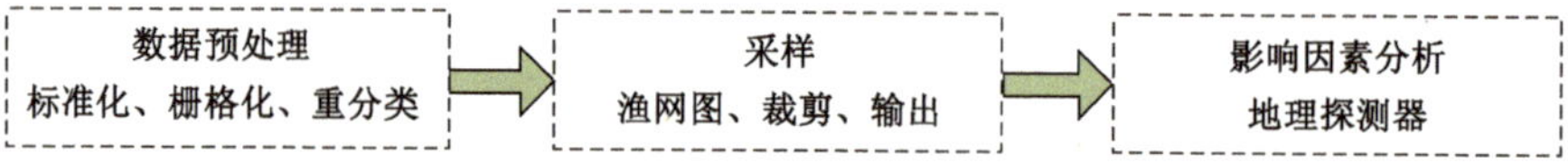

图 4-14　数据处理流程

4.2.3　分析结果

（1）浙江省

浙江省的分异及因子探测结果如表 4-16 所示，显示五个影响因素可以解释床位数空间分异的能力大小依次为 GDP、60 岁以上人口数、人均可支配收入、公园绿地面积、境内公路总长度。对应的 P 值均为 0（均<0.01），由 4.2.1 可知，这五个影响因素对床位数具有显著影响。

表 4-16　浙江省分异及因子探测结果

	GDP	人均可支配收入	境内公路总长度	公园绿地面积	60 岁以上人口
q 值	0.938 039 583	0.807 143 955	0.154 785 135	0.570 732 813	0.917 703 814
P 值	0.000	0.000	0.000	0.000	0.000

交互作用探测结果如表 4-17 所示，5 个因变量中，任何两个自变量对床位数的交互作用都要大于单独一个自变量的影响。而且，q(人均可支配收入与境内公路长度)$>q$(人均可支配收入)$+q$(境内公路长度)，为非线性增强，任意两个自变量的交互作用均为双因子增强。

表 4-17　浙江省交互作用探测结果

探测因素	GDP	人均可支配收入	境内公路总长度	公园绿地面积	60 岁以上人口
GDP	0.938 039 583				
人均可支配收入	0.982 575 562	0.807 143 955			
境内公路总长度	0.956 358 459	0.983 875 305	0.154 785 135		
公园绿地面积	0.985 381 272	0.948 139 114	0.698 173 052	0.570 732 813	
60 岁以上人口	0.953 329 221	0.966 450 867	0.983 875 305	0.969 256 577	0.917 703 814

生态探测采用显著水平为 0.05 的 t 检验，由表 4-18 可见，影响浙江省养老机构床位数的 5 个因素中任意两个都存在显著性差异。

表 4-18　浙江省生态探测结果

探测因素	GDP	人均可支配收入	境内公路总长度	公园绿地面积	60 岁以上人口
GDP					
人均可支配收入	Y				
境内公路总长度	Y	Y			
公园绿地面积	Y	Y	Y		
60 岁以上人口	Y	Y	Y	Y	

（2）河南省

河南省的分异及因子探测结果如表 4-19 所示，结果显示五个影响因素对床位数空间分异的解释能力依次为：GDP、公园绿地面积、60 岁以上人口、人均可支配收入、境内公路长度。分析结果中，p 值均为 0，说明结果可靠。

表 4-19　河南省分异及因子探测结果

	GDP	人均可支配收入	境内公路总长度	公园绿地面积	60 岁以上人口
q 值	0.882 138 616	0.251 367 786	0.246 771 586	0.818 957 579	0.410 825 854
P 值	0.000	0.000	0.000	0.000	0.000

交互作用探测结果如表 4-20 所示，任何两个自变量对床位数的交互作用均大于单独一个自变量的影响。其中，人均可支配收入和境内公路总长度、人均可支配收入和 60 岁以上人口、境内公路总长度和 60 岁以上人口的交互作用属于非线性增强，其他均为双因子增强。

表 4-20　河南省交互作用探测结果

探测因素	GDP	人均可支配收入	境内公路总长度	公园绿地面积	60 岁以上人口
GDP	0.882 138 616				
人均可支配收入	0.951 496 909	0.251 367 786			
境内公路总长度	0.924 843 86	0.959 383 49	0.246 771 586		
公园绿地面积	0.963 313 636	0.949 445 743	0.966 204 124	0.818 957 579	
60 岁以上人口	0.901 846 773	0.954 868 507	0.683 382 668	0.974 261 118	0.410 825 854

生态探测结果如表4-21所示，境内公路总长度与人均可支配收入之间不存在显著性差异，其余任意两个变量之间均存在显著性差异。

表4-21 河南省生态探测结果

探测因素	GDP	人均可支配收入	境内公路总长度	公园绿地面积	60岁以上人口
GDP					
人均可支配收入	Y				
境内公路总长度	Y	N			
公园绿地面积	Y	Y	Y		
60岁以上人口	Y	Y	Y	Y	

（3）甘肃省

甘肃省的分异及因子探测结果如表4-22所示，结果显示五个影响因素对床位数空间分异的解释能力依次为：境内公路总长度、GDP、公园绿地面积、60岁以上人口、人均可支配收入。

表4-22 甘肃省分异及因子探测结果

	GDP	人均可支配收入	境内公路总长度	公园绿地面积	60岁以上人口
q值	0.516 649 649	0.232 538 977	0.521 287 085	0.385 014 704	0.275 834 411
P值	0.000	0.000	0.000	0.000	0.000

甘肃省的交互作用探测结果如表4-23所示，从表中可以看出有五组的非线性增强，分别是GDP与人均可支配收入，GDP与60岁以上人口，人均可支配收入与境内公路总长度，人均可支配收入与60岁以上人口，公园绿地面积与60岁以上人口数。

表4-23 甘肃省交互作用探测结果

探测因素	GDP	人均可支配收入	境内公路总长度	公园绿地面积	60岁以上人口
GDP	0.516 649 649				
人均可支配收入	0.972 949 452	0.232 538 977			
境内公路总长度	0.878 2	1	0.521 287 085		
公园绿地面积	0.894 484 787	0.935 615 845	0.659 104 878	0.385 014 704	
60岁以上人口	0.952 700 266	0.822 931 872	0.674 779 617	0.693 670 772	0.275 834 411

从表 4-24 可以看出，甘肃省的生态探测结果中 GDP 与境内公路总长度之间不存在显著性差异，其他影响因素两两之间都存在显著性差异。

表 4-24 甘肃省生态探测结果

探测因素	GDP	人均可支配收入	境内公路总长度	公园绿地面积	60 岁以上人口
GDP					
人均可支配收入	Y				
境内公路总长度	N	Y			
公园绿地面积	Y	Y	Y		
60 岁以上人口	Y	Y	Y	Y	

4.2.4 省域影响因素对比

如表 4-25 所示，相同的影响因素在不同地区的解释能力不尽相同。GDP 在河南和浙江两省排名第一，在甘肃省排名第二，说明了 GDP 对养老机构的发展具有十分重要的作用，根据表 4-16、表 4-20 中 GDP 所对应的 q 值及其绝对值的大小可见：GDP 在浙江和甘肃省中对养老机构发展起着决定性的作用。60 岁以上人口数在浙江排名第二，河南省排名第三，甘肃省排名第四。境内公路总长度在浙江省和河南省中都是解释能力最弱的因素，但是，在甘肃省是排名第一。

表 4-25 各省份分异及因子探测结果对比表

探测因素	浙江省	河南省	甘肃省
GDP	1	1	2
人均可支配收入	3	4	5
境内公路总长度	5	5	1
公园绿地面积	4	2	3
60 岁以上人口数	2	3	4

由三个省份中交互作用探测结果可知，五个因素两两的交互作用增强，但其增强形式却有所不同。浙江省有一组交互作用是属于非线性增强，河南省有三组属于非线性增强，甘肃省有五组属于非线性增强。

三个省份的生态探测结果显示，浙江省的五个影响因素两两之间都存在显著性差异;河南省人均可支配收入与境内公路总长度两个影响因素之间不存在显著性差异,其他影响因素两两之间都存在显著性差异;甘肃省的GDP与境内公路总长度两个影响因素之间不存在显著性差异,其他影响因素两两之间都存在显著性差异。

4.3 城市养老机构可达性

以郑州市为例研究城市养老机构的可达性。以养老机构的床位数作为评价养老机构服务能力的指标。分析流程如图4-15所示,创建OD成本矩阵,运用潜能模型分析郑州市养老机构的可达性,利用克里金插值方法将结果可视化。

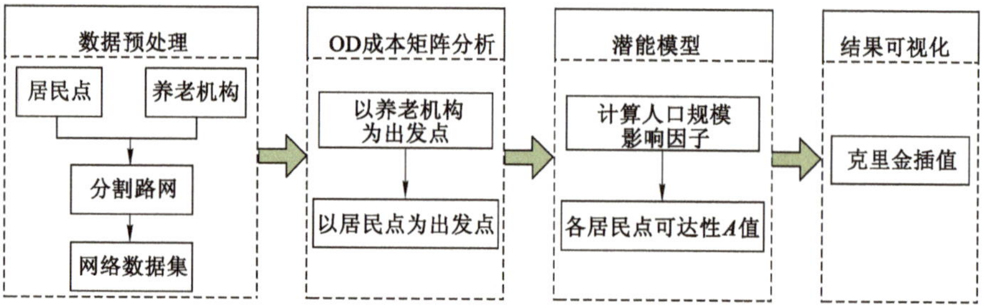

图4-15 郑州市养老机构可达性分析流程

4.3.1 数据预处理

以城市居民点为需求对象,以城市养老机构为服务对象,基于郑州市交通网络分析养老机构的可达性,所用数据如表4-26所示。

表4-26 主要数据来源

数据内容	数据来源	数量
养老机构	表4-1养老机构名录	227个
65岁以上人口数	第六次人口普查数据	/
居民点	全国地理信息资源目录服务系统	179个
郑州市交通路网数据	全国地理信息资源目录服务系统	/
郑州市1∶100万地图数据	全国地理信息资源目录服务系统	/

4.3.2 研究方法

(1) OD 成本矩阵

OD 成本矩阵,用于查找和测量从多个原点到多个目标的最小成本路径。首先,对居民点和养老机构进行邻域分析,生成路网上的居民点事件、养老机构点事件,利用这两类事件分割路网,创建网络数据集。分别以养老机构、居民点为出发点计算 OD 成本矩阵:第一次以养老院为出发点,以居民点为目的地点,每个起始点要查找的目的地数量为 20;第二次以居民点为出发点,以养老院为目的地点,每个起始点要查找的目的地数量为 20。

(2) 改进的潜能模型

潜能模型是区域经济学、地理学借鉴物理万有引力定律来研究社会、经济空间相互作用的成果,是空间相互作用的经典模型之一。潜能表示一个物体对另一个物体产生的能,一个系统中一点的潜能等于该系统中所有对该点产生潜能的物体所产生的潜能之和,引入了摩擦系数 β 后,形成了地理学的潜能模型。本节采用改进的潜能模型,将老年人人口数纳入考虑范围,并且参照陶海燕等人采用潜能模型研究广州市海珠区公共医疗卫生服务可达性空间分布时,β 的取值为 1[88],具体公式如下:

$$\begin{cases} A_i = \sum\limits_{j=1}^{n} \dfrac{M_j}{D_{ij}^{\beta} V_j} \\ V_j = \sum\limits_{k=1}^{m} \dfrac{P_k}{D_{kj}^{\beta}} \end{cases} \tag{4-7}$$

式中,A_i 表示居民 i 至所有医疗设施的空间可达性;M_j 表示养老机构 j 的服务能力,即该养老机构拥有的床位数;D_{ij} 表示居民点 i 到养老机构 j 的阻抗,即空间距离;P_k 表示居民点 k 的 65 岁以上老人数量;D_{kj} 表示居民点 k 到养老机构 j 的阻抗,即空间距离;V_j 表示人口规模影响因子。

(3) 克里金插值法

设研究区域为 A,区域变化量为 Z,X 表示 A 内一点,$Z(X)$ 在采样点 X_i 的值为 $Z(X_i)$,根据普通克里金插值原理,未采样点 X_0 处的值 $Z(X_0)$ 估计值是 n 个已知采样点属性值的加权和,即:

$$Z(X_0) = \sum_{i=1}^{n} \lambda_i Z(X_i),(i = 1,2,\cdots,n) \tag{4-8}$$

分析中 $Z(X_i)$ 为第 i 个位置处的测量值,X_i 表示居民点 i 的可达性,即 A_i,λ_i 为第 i 个位置处的测量值的未知权重。

4.3.3 结果分析

第一次 OD 成本矩阵分析，以郑州市养老机构距离路网最近点为起始点，居民点距离路网最近点为目的地点，目的是得到 D_{kj}^{β}，共有 227 个起点、179 个目的地点，分析结果如图 4-16 所示。进而，根据居民点 65 岁以上人口数、OD 成本矩阵分析结果(4 540 条线)，建立每个起点与 20 个邻近目标的对应关系。

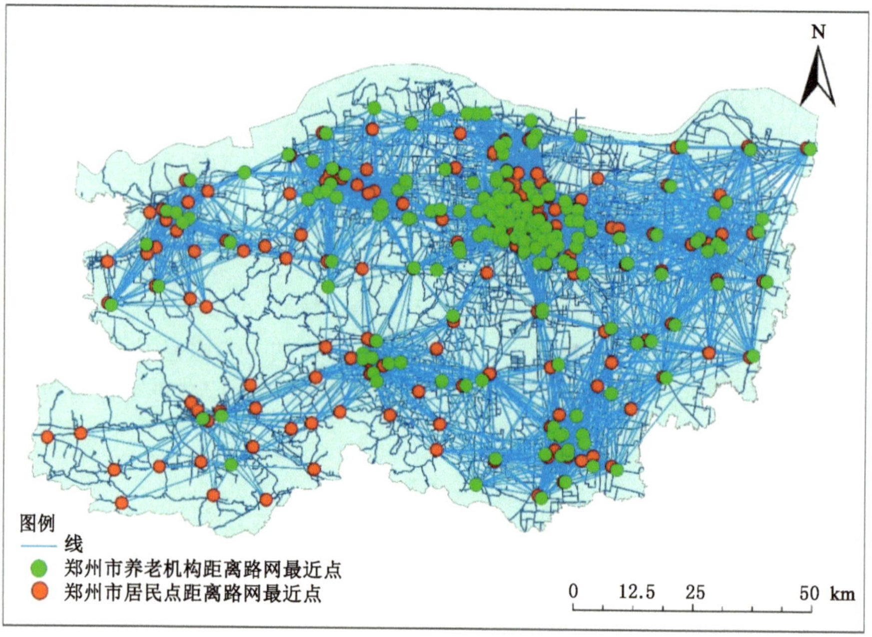

图 4-16　郑州市 OD 成本矩阵分析示意图——以居民点为起始点

第二次 OD 成本矩阵分析，以居民点距离路网最近点为起始点，以养老机构距离路网最近点为目的地点，目的是为了得到 D_{ij}^{β}。将分析得到的 3 580 条线与 179 个起始点按照邻近程度建立对应关系，每个起始点 20 个目标相对应。根据公式(4-7)计算出每个养老机构的人口规模影响因子 V_j，以及每一个居民点 i 至所有养老机构的空间可达性 A_i。

郑州市 179 个居民点关于养老机构的可达性如图 4-18、表 4-27 所示，A_i 的值域为[0.008,0.40]，可达性统计数据如表 4-28 所示，可见郑州市养老机构可达性存在较明显的区域差异。中牟县整体可达性最好，可达性较好的区域主要包括：登封市中部偏北地区、中牟县中部地区、惠济区中部地区、新密市中部偏西地区，巩义市整体可达性最差。

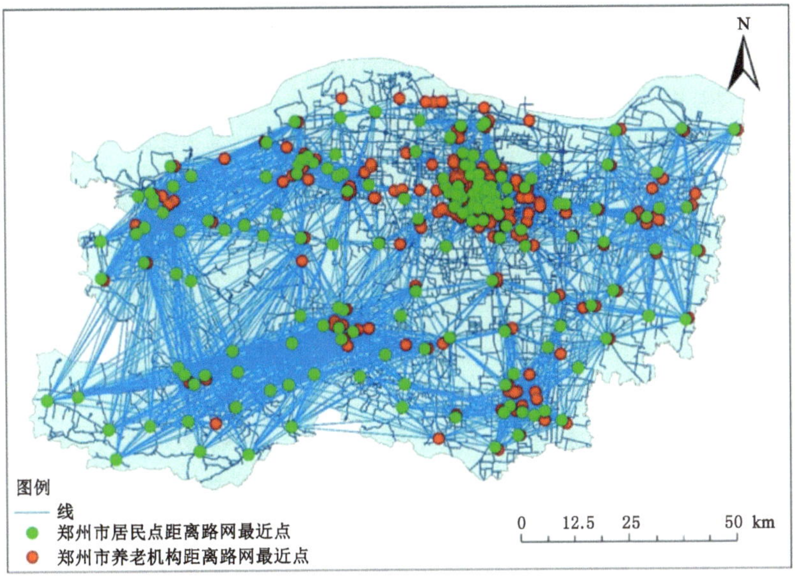

图 4-17　郑州市 OD 成本矩阵分析示意图——以养老机构为起始点

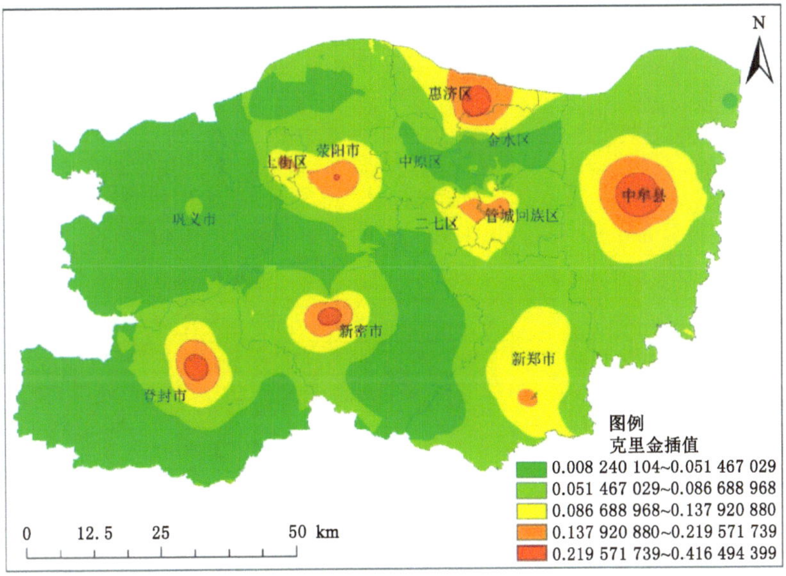

图 4-18　郑州市养老机构可达性示意图

表 4-27 郑州市各居民点空间可达性

序号	郑州市居民点	A	序号	郑州市居民点	A
1	中牟县东风路街道	0.425 08	30	中牟县白沙镇	0.111 15
2	青屏街街道	0.380 19	31	中原区汝河路街道	0.108 69
3	中岳街道	0.371 83	32	索河街道	0.107 74
4	惠济区迎宾路街道	0.356 92	33	惠济区长兴路街道	0.104 25
5	中牟县广惠街街道	0.317 02	34	中原区航海西路街道	0.103 77
6	惠济区花园口镇	0.295 18	35	郑港办事处	0.103 06
7	乔楼镇	0.239 96	36	少林街道	0.102 98
8	管城区京航街道	0.233 77	37	中牟县官渡镇	0.095 43
9	中牟县青年路街道	0.221 31	38	中牟县郑庵镇	0.095 29
10	西大街街道	0.197 40	39	城关乡(新郑市)	0.093 13
11	上街区峡窝镇	0.1794 9	40	城关乡(荥阳市)	0.092 42
12	二七区京广路街道	0.172 32	41	梨河镇	0.091 91
13	新华路街道(新密市)	0.166 02	42	卢店镇	0.089 84
14	新华路街道(新郑市)	0.150 10	43	龙湖镇	0.086 54
15	城关镇	0.148 75	44	中牟县大孟镇	0.086 14
16	新烟街道	0.147 22	45	上街区工业路街道	0.085 58
17	二七区长江路街道	0.144 09	46	新港办事处	0.084 14
18	阳城区镇	0.137 31	47	二七区福华街街道	0.083 46
19	薛店镇	0.136 64	48	中原区绿东村街道	0.083 26
20	豫龙镇	0.135 33	49	惠济区老鸦陈街道	0.082 06
21	管城回族区二里岗街道	0.130 72	50	管城区明湖街道	0.082 03
22	和庄镇	0.120 46	51	惠济区大河路街道	0.081 69
23	惠济区新城街道	0.120 17	52	京城街道	0.081 62
24	新建路街道	0.116 13	53	管城区航海东路街道	0.079 91
25	管城回族区十八里河镇	0.116 03	54	中牟县八岗镇	0.078 99
26	新村镇	0.115 90	55	八千乡	0.078 67
27	中牟县姚家乡	0.115 64	56	中牟县韩寺镇	0.077 75
28	袁庄乡	0.113 94	57	中牟县刘集镇	0.076 91
29	二七区嵩山路街道	0.112 00	58	米村镇	0.076 80

表 4-27(续)

序号	郑州市居民点	A	序号	郑州市居民点	A
59	牛店镇	0.076 66	89	管城回族区城东路街道	0.054 31
60	上街区济源路街道	0.075 56	90	中牟县刁家乡	0.053 76
61	上街区新安路街道	0.075 12	91	中牟县雁鸣湖镇	0.053 56
62	嵩阳街道	0.074 69	92	孟庄镇	0.053 55
63	上街区矿山街道	0.074 44	93	二七区解放路街道	0.052 88
64	管城回族区南曹乡	0.074 36	94	汜水镇	0.05256
65	上街区中心路街道	0.074 27	95	金水区丰产路街道	0.051 92
66	大峪沟镇	0.072 39	96	二七区侯寨乡	0.051 48
67	中原区须水街道	0.068 96	97	管城回族区东大街街道	0.051 32
68	中牟县三官庙乡	0.067 70	98	来集镇	0.051 11
69	郭店镇	0.067 50	99	东华镇	0.050 70
70	金寨回族乡	0.067 30	100	广武镇	0.050 64
71	金水区柳林镇	0.067 01	101	二七区淮河路街道	0.050 55
72	龙王乡	0.065 39	102	尖山风景区	0.050 46
73	唐庄乡	0.064 76	103	中原区西流湖街道	0.049 91
74	告成镇	0.063 86	104	管城回族区紫荆山南路街道	0.049 80
75	二七区马寨镇	0.062 89	105	中原区桐柏路街道	0.049 28
76	中牟县张庄镇	0.061 96	106	大冶镇	0.049 17
77	惠济区古荥镇	0.060 58	107	新密市矿区办事处	0.048 91
78	管城区经济技术开发区潮河街道	0.060 32	108	管城回族区北下街街道	0.048 17
79	金水区大石桥街道	0.059 91	109	贾峪镇	0.047 28
80	管城回族区圃田乡	0.059 31	110	金水区杜岭街道	0.047 19
81	观音寺镇	0.058 03	111	金水区人民路街道	0.046 86
82	中牟县黄店镇	0.057 67	112	超化镇	0.046 32
83	平陌镇	0.056 59	113	金水区南阳路街道	0.045 53
84	沈丘县东城办事处	0.056 56	114	金水区凤凰台街道	0.044 92
85	中牟县万滩镇	0.056 33	115	金水区庙李镇	0.044 91
86	中牟县九龙镇	0.055 61	116	中原区沟赵乡	0.044 76
87	金水区经八路街道	0.055 06	117	二七区铭功路街道	0.044 34
88	岳村镇	0.054 44	118	金水区花园路街道	0.044 00

表 4-27(续)

序号	郑州市居民点	A	序号	郑州市居民点	A
119	管城回族区南关街道	0.043 89	150	曲梁乡	0.028 95
120	管城回族区陇海路街道	0.042 43	151	崔庙镇	0.028 85
121	中牟县狼城岗镇	0.042 43	152	米河镇	0.028 03
122	高村乡	0.042 24	153	白寨镇	0.027 08
123	金水区祭城路街道	0.042 15	154	石道乡	0.026 53
124	惠济区刘寨街道	0.040 16	155	竹林镇	0.024 69
125	金水区南阳新村街道	0.039 69	156	西村镇	0.024 67
126	王村镇	0.039 25	157	君召乡	0.024 55
127	刘寨镇	0.038 80	158	中原区秦岭路街道	0.024 29
128	金水区北林路街道	0.038 34	159	河洛镇	0.024 20
129	宣化镇	0.038 01	160	二七区建中街街道	0.024 11
130	辛店镇	0.037 79	161	送表矿区	0.023 19
131	金水区东风路街道	0.037 60	162	二七区大学路街道	0.022 52
132	金水区文化路街道	0.037 36	163	新中镇	0.021 61
133	大金店镇	0.036 64	164	小关镇	0.021 40
134	中原区石佛镇	0.036 49	165	颍阳镇	0.021 31
135	中原区建设路街道	0.036 28	166	新华路街道(巩义市)	0.020 66
136	白坪乡	0.035 92	167	涉村镇	0.020 55
137	中原区棉纺路街道	0.034 93	168	夹津口镇	0.019 77
138	大隗镇	0.034 81	169	鲁庄镇	0.019 01
139	二七区五里堡街道	0.033 24	170	紫荆路街道	0.018 45
140	中原区中原西路街道	0.032 99	171	孝义街道	0.018 44
141	中原区三官庙街道	0.032 83	172	站街镇	0.018 03
142	徐庄镇	0.032 67	173	杜甫路街道	0.017 96
143	刘河镇	0.031 64	174	北山口镇	0.016 32
144	中原区林山寨街道	0.031 25	175	永安路街道	0.013 81
145	高山镇	0.031 19	176	芝田镇	0.013 32
146	金水区龙子湖街道	0.030 53	177	康店镇	0.012 23
147	荷堂镇	0.030 07	178	豫联工业园区	0.012 07
148	二七区蜜蜂张街道	0.029 46	179	回郭镇	0.008 06
149	郑州曲梁产业集聚区	0.029 43			

表 4-28　可达性数据统计表

数据来源	数量
0.008 06～0.108 06	148
0.108 06～0.208 06	22
0.208 06～0.308 06	4
0.308 06～0.408 06	4
0.408 06～0.508 06	1
总计	179

第 5 章　基于移动 GIS 的老年关爱系统设计与实现

5.1　老年人需求分析

5.1.1　接受程度调查

如 1.2.3 小节智慧养老网络关注度部分的研究表明，我国广大民众对智慧养老的接受程度逐年上升。在智慧养老背景下，以具有生活自理能力的老年人为服务对象，从关爱老年人的角度出发，分析老年人的切实需求。如表 2-5 及表 2-6 所示，选取浙江、河南、甘肃三省为样例，调查作答者和老年人对智慧养老及具有智慧养老功能手机的看法，如图 5-1 所示。

调查结果如表 5-1 所示，作答者对智慧养老的支持程度达 100%，近半数调查者对智慧养老支持程度较高；98.1%的作答者了解具有智慧养老功能手机，但了解程度不一，仅有 16%的作答者了解程度较高，其余作答者了解程度一般或较低。此两项调查表明，作答者对智慧养老支持程度较高，但是，对依托智能手机实现智慧养老功能的了解程度有待提升。29.3%的作答者本人或其家人、邻居亲朋参与智慧养老，说明智慧养老的社会参与度接近三分之一，比例较高，侧面反映了智慧养老的社会认可度与发展必要性。作答者家中或家族中老年人使用的手机中，智能手机占比达 49.2%，表明依托智能手机设计老年关爱系统具有可行性与推广价值，将惠及近半数老人，市场前景广阔。

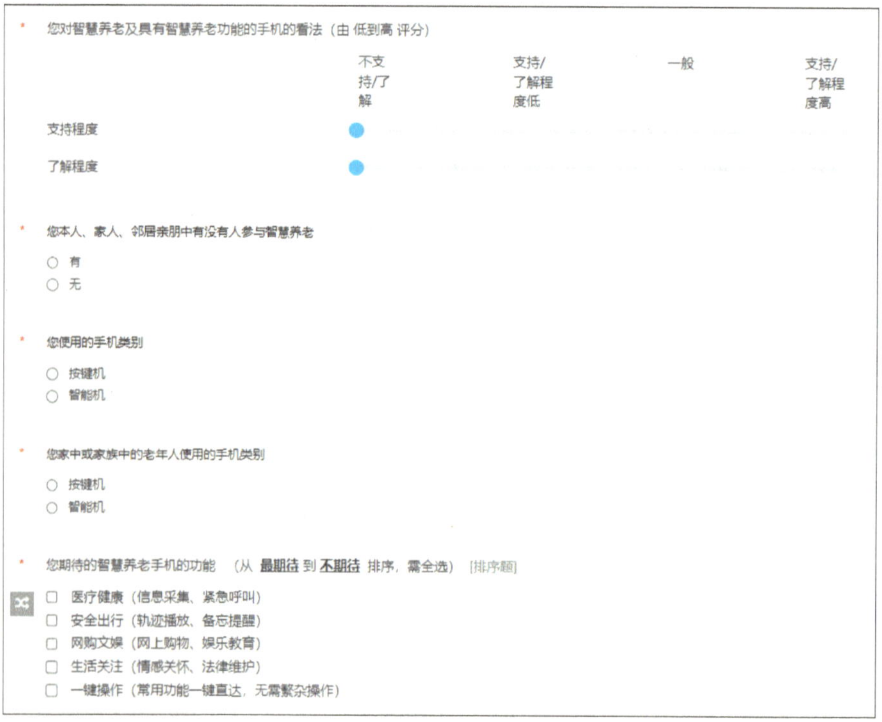
* 您对智慧养老及具有智慧养老功能的手机的看法（由低到高评分）

	不支持/了解	支持/了解程度低	一般	支持/了解程度高
支持程度	●			
了解程度	●			

* 您本人、家人、邻居亲朋中有没有人参与智慧养老

○ 有
○ 无

* 您使用的手机类别

○ 按键机
○ 智能机

* 您家中或家族中的老年人使用的手机类别

○ 按键机
○ 智能机

* 您期待的智慧养老手机的功能 （从 **最期待** 到 **不期待** 排序，需全选） [排序题]

□ 医疗健康（信息采集、紧急呼叫）
□ 安全出行（轨迹播放、备忘提醒）
□ 网购文娱（网上购物、娱乐教育）
□ 生活关注（情感关怀、法律维护）
□ 一键操作（常用功能一键直达，无需繁杂操作）

图 5-1 作答者及家中老人智慧养老调查问卷样例

表 5-1 智慧养老调查样本统计

变量	分类	频率	百分比
对智慧养老的支持程度	支持程度较高	321	48.0
	支持程度一般	289	43.2
	支持程度较低	59	8.8
	不支持	0	0.0
对具有智慧养老功能手机的了解程度	了解程度较高	107	16.0
	了解程度一般	312	46.6
	了解程度较低	237	35.4
	不了解	13	1.9
您本人、家人、邻居亲朋中有没有人参与智慧养老	有	196	29.3
	无	473	70.7

表 5-1(续)

<table>
<tr><th colspan="2">变量</th><th>分类</th><th>频率</th><th>百分比</th></tr>
<tr><td colspan="2" rowspan="2">作答者使用的手机类别</td><td>智能机</td><td>664</td><td>99.3</td></tr>
<tr><td>按键机</td><td>5</td><td>0.7</td></tr>
<tr><td colspan="2" rowspan="2">作答者家中或家族中的老年人使用的手机类别</td><td>智能机</td><td>329</td><td>49.2</td></tr>
<tr><td>按键机</td><td>340</td><td>50.8</td></tr>
<tr><td rowspan="24">您期待的智慧养老手机的功能</td><td rowspan="6">医疗健康（信息采集、紧急呼叫）</td><td>排第 1 位</td><td>280</td><td>41.9</td></tr>
<tr><td>排第 2 位</td><td>214</td><td>32.0</td></tr>
<tr><td>排第 3 位</td><td>100</td><td>14.9</td></tr>
<tr><td>排第 4 位</td><td>40</td><td>6.0</td></tr>
<tr><td>排第 5 位</td><td>17</td><td>2.5</td></tr>
<tr><td>不期待该项</td><td>18</td><td>2.7</td></tr>
<tr><td rowspan="6">安全出行（轨迹播放、备忘提醒）</td><td>排第 1 位</td><td>100</td><td>14.9</td></tr>
<tr><td>排第 2 位</td><td>187</td><td>28.0</td></tr>
<tr><td>排第 3 位</td><td>189</td><td>28.3</td></tr>
<tr><td>排第 4 位</td><td>117</td><td>17.5</td></tr>
<tr><td>排第 5 位</td><td>28</td><td>4.2</td></tr>
<tr><td>不期待该项</td><td>48</td><td>7.2</td></tr>
<tr><td rowspan="6">网购文娱（网上购物、娱乐教育）</td><td>排第 1 位</td><td>14</td><td>2.1</td></tr>
<tr><td>排第 2 位</td><td>41</td><td>6.1</td></tr>
<tr><td>排第 3 位</td><td>58</td><td>8.7</td></tr>
<tr><td>排第 4 位</td><td>87</td><td>13.0</td></tr>
<tr><td>排第 5 位</td><td>357</td><td>53.4</td></tr>
<tr><td>不期待该项</td><td>112</td><td>16.7</td></tr>
<tr><td rowspan="6">生活关注（情感关怀、法律维护）</td><td>排第 1 位</td><td>55</td><td>8.2</td></tr>
<tr><td>排第 2 位</td><td>109</td><td>16.3</td></tr>
<tr><td>排第 3 位</td><td>139</td><td>20.8</td></tr>
<tr><td>排第 4 位</td><td>238</td><td>35.6</td></tr>
<tr><td>排第 5 位</td><td>70</td><td>10.5</td></tr>
<tr><td>不期待该项</td><td>58</td><td>8.7</td></tr>
</table>

表 5-1(续)

变量		分类	频率	百分比
您期待的智慧养老手机的功能	一键操作 (常用功能一键直达,无须繁杂操作)	排第 1 位	220	32.9
		排第 2 位	106	15.8
		排第 3 位	146	21.8
		排第 4 位	96	14.3
		排第 5 位	57	8.5
		不期待该项	44	6.6

对期待的智慧养老手机功能进行调查,涉及医疗健康、安全出行、网购文娱、生活关注、一键操作 5 项功能,作答者将所需功能排序,若某项功能未被排序,表明作答者不支持该功能。如公式(5-1)所示,按照作答者排序,分别赋予 $0.2(6-n)$ 的权重,其中 n 为排序,将所有 m 位作答者的评分相加,即为该项功能总得分。

$$F = \sum_{1}^{m} 0.2(6-n) \tag{5-1}$$

各项功能得分如表 5-2 所示,医疗健康类,如信息采集、紧急呼叫等功能的需求排序为第 1 位,得分显著领先,41.9%的作答者将该项功能列为首位,该功能体现了守护老年人健康的实际用途,其重要程度可见一斑。其次,一键操作类,如常用功能一键直达、无须繁杂操作等功能的需求排序为第 2 位,48.7%的作答者将该项功能列为前两位,该功能符合老年人的使用习惯。第三,安全出行类,如轨迹播放、备忘提醒等功能的需求排序为第 3 位,71.2%的作答者将该项功能列为前三位,该功能可以为老年人提供辅助帮助,有助于依据老年人生活习惯为其推送信息。第四,生活关注类,如情感关怀、法律维护等功能的需求排序为第 4 位,54.7%的作答者将该功能列为后两位或不需要,说明该功能与老年人的日常生活相关性较弱,抑或该项功能不需要借助手机终端实现。最后,网购文娱类,网上购物、娱乐教育等功能排在第 5 位,16.7%的作答者认为不需要该项功能,53.4%的作答者将该功能列在第 5 位,说明在设置老年关爱系统时可以忽略此项功能。

表 5-2　各项功能调查得分

功能	医疗健康	安全出行	网购文娱	生活关注	一键操作
得分	530.6	415.4	187.8	334.8	442.2
排序	1	3	5	4	2

5.1.2　功能需求分析

鉴于我国空巢老人比例较高，设计的老年关爱系统以老年人为行为主体，只在老年人存在潜在危险时联系其联系人或医院，建立完善机制以保证能及时应对危险。依据调查结果，考虑老年人的接受能力与实际需求，只为老年人提供保障其生活必需的基本功能，避免一味求全，增加老年人的使用负担。老年关爱系统应具备如下功能。

（1）老年人轨迹数据及相关空间数据管理与挖掘

老年关爱模式研究需考虑老年人自身及其生活环境涉及的数据，例如：老年人运动轨迹、运动状态、地图、医院信息、病历、常用联系人等。遵循数据库设计原理，梳理各类数据的关系，依托 Android 平台，结合轻量级嵌入式数据库 SQLite，设计并构建老年关爱系统数据库，存储属性数据。利用 ESRI 公司提供的 ArcGIS Runtime SDK for Android，实现地图调用以及空间数据的存储与管理。

挖掘所涉及的数据：根据 Android 系统内置计步器统计数据、老年人的运动轨迹，分析其行为规律，判定其作息时间、常去区域、常用联系人、兴趣点。提取老年人兴趣点的相关微博、微信消息，依据老年人的作息时间、所在位置，利用空间分析中叠加分析、网络分析原理，适时推送信息，为老年人提供便捷的生活信息，以体现对老年人的关爱。

（2）基于手机传感器的老年人行动异常检测

为探知老年人，尤其是独居老人，发生意外摔倒状况，利用手机传感器检测老年人的行动状态，捕获异常信息，以便在老年人意外摔倒时启动应急预案[89-91]。此项功能是触发应急预案的出发点，也是实现老年关爱的关键所在。

① 利用三轴加速度传感器判断运动剧烈程度。通常老年人运动较为缓和，运动剧烈程度可辅助判断是否有摔倒等行动异常。鉴于即使在静止的状态下也会受到重力加速度，所以，采用加速度平方的差反映运动状态激烈程度，记作 Acceleration，如公式(5-2)所示。根据老年人运动剧烈程度，细化其运动状态，获取区分正常、异常运动状态的阈值。

$$\text{Acceleration} = (x'^2 + y'^2 + z'^2) - (x^2 + y^2 + z^2) \tag{5-2}$$

其中，x'、y'、z'代表即时采集到的三轴加速度数值，x、y、z 代表上一次采集到的三轴加速度数值。

② 利用陀螺仪传感器辅助判断运动趋势。人体运动状态具有灵活性、多样性，诸如晃动、健身、上下楼梯、摔倒等；同时，手机传感器采集的数据还可能

存在随机噪声。因此，利用陀螺仪传感器获取人体行动时三轴的角加速度，记作 $G(t)$，辅助判断人体的运动趋势。活动事件的阈值范围如表 5-3 所示[61]。

表 5-3 各项功能调查得分

事件类型		具体解释	Acceleration 绝对值范围/$(m/s^2)^2$
缓和运动	静止运动	站立、睡觉	0～2
	缓和运动	转身、坐下、坐电梯	0～10
		走路	0～20
		上楼、下楼	0～35
剧烈运动		慢跑	0～45
		快速蹲下起立	0～65
		快速跑、跳跃	0～75
摔倒		晕倒、缓慢倒下	0～75
		跌倒、多次摔倒	0～110

③ 老年人行动异常判断。根据老年人特点，将手机的状态划分为慢跑、快跑、下楼、平抛、自由落体、摔倒等情况。通过模拟实验获取 Acceleration 和 $G(t)$值，分别利用基于支持向量机和高斯滤波两种方法确定阈值，以判断老年人处于何种运动状态，是否存在行动异常。

(3) 基于移动 GIS 理论的老年人突发危险的应急预案

就具有生活自理能力的老人而言，他们的健康状况容易被忽略。若此类老年人突发危险，而身边无人及时救助，则可能造成无法挽回的悲剧。利用老年人行动异常检测方法，可以辅助判定老年人运动状态，判定老年人是否存在救助需求；同时，如果老年人因冠心病、脑血栓等疾病困扰，突然感觉不舒服，可通过“一键请求”或“语音请求”自行发出紧急请求。一旦判定老年人需要救助，即启动应急预案。该应急预案流程如图 5-2 所示，主要实现常用联系人告知、医院选择两项功能。

① 常用联系人告知。为确认老年人是否需要救助，按照先“预设亲属”后“常用联系人”(限 3 位)的顺序，以短信、电话形式告知对方，通过对方回拨电话确认老年人身体状态。若老年人身体无恙，则其可自行解除预警；否则，向亲属发送老年人位置信息，同时自动联系医院。

② 基于空间分析选择医院。根据老年人所处位置，结合“地图数据”“医院信息”，利用空间分析中最短路径理论，选择最易到达的医院。直接拨打该

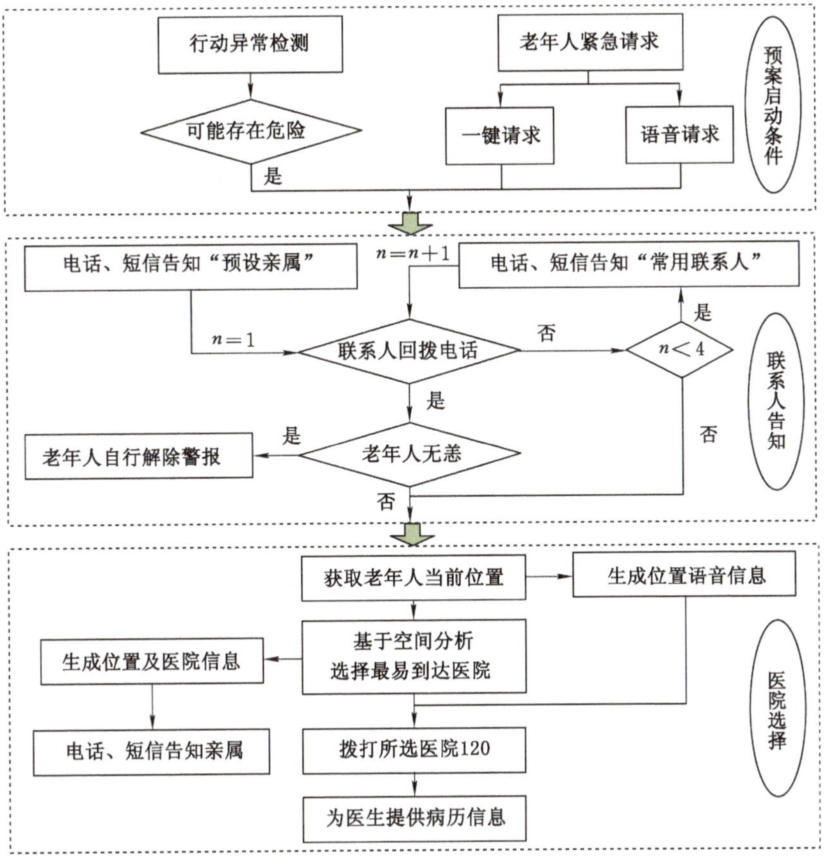

图 5-2　应急预案流程图

医院的 120 电话，自动生成语音，告知医护人员老年人所处的位置及已联系的医院，以实现及时救助。

5.1.3　功能模块拆分

系统分为老年人使用终端、亲属使用终端。老年人使用终端的核心功能是常用联系人告知、医院选择。亲属使用终端的核心功能是老年人位置获取、状态获取。此外，该系统还具备若干常规功能，详述如下。

(1) 老年人使用终端

① 登录：通过手机号注册、登录，含注册、登录、密码找回 3 个页面。

② 联系人，含录入联系人、联系人编辑、联系人列表展示 3 个页面。

a. 通过手机通讯录选择，或直接输入手机号码添加，按照重要性或照看能力大小排序；

b. 能与联系人通信，短信、语音、视频等。

③ 爱运动：显示当前位置、当天步数，在老年人选择相应选项的前提下，记录某一时期轨迹。以 1 个页面展示当前位置、当天运动步数、一段时间轨迹。

④ 爱生活：依据老年人所在位置，为其推荐周边 30 min 生活圈的超市折扣活动。以 1 个页面展示周边超市促销活动。

⑤ 爱健康：在老年人遭遇突发状况时启动应急预案。就老人而言，此功能只显示一键求助（语音或按钮）、警报解除，以及既往病史管理（简单的病史、过敏药物）。但后台需进行如下工作：

a. 预案启动条件：实时调取手机重力传感器数据，判断老人是否处于异常状态，若老人处于异常状态，或老人自主选择了“一键求助”，则启动应急预案。

b. 联系人告知：若遇求助，通过短信、电话按照“联系人列表”次序依次与亲属联系，直至“老人自行解除警报”，或者联系次数达到上限，由软件自动联系医院。

c. 医院选择：根据老人位置，自动选择最易到达的医院，并且将老人的位置、个人信息转为语音，拨打该医院的 120。同时，将上述信息告知联系人。

以 1 个页面展示如下功能：

· 健康监测，用于显示当前状态，由系统发起求助；

· 一键求助，由老年人发起；

· 语音请求，由老年人发起；

· 解除警报，老人无恙时触发；

· 根据当前位置，获取周边最近的医院列表，选取最适合医院；

· 拨打医院 120，发送医院信息给亲属；

· 提供简化病历信息，便于医生了解老年人状况。

(2) 亲属使用终端

① 登录：通过手机号码登录，含注册、登录、密码找回 3 个页面。

② 联系人设置：以 1 个页面展示联系人设置。

a. 可设置自家老人，如父母、祖父母、外祖父母、岳父母等。

b. 能与联系人通信，短信、语音、视频等。

③ 位置状态：以 1 个页面列出指定联系人当前的状态、运动、一段时间轨迹信息等。以地图形式展示，状态正常显示绿色图标，状态异常显示红色图标。

5.2　老年关爱系统设计

5.2.1　系统概要设计

依托老年人使用较多、支撑技术较为成熟的智能手机平台设计，综合利用移动 GIS 理论与方法及传感器技术，设计并实现具有普适性的老年关爱系统。系统的概要设计如图 5-3 所示。

图 5-3 所示应急预案流程图，描述了老年关爱系统的核心功能、异常检测及处理流程。老年关爱 App 启动后，通过设置会根据设置情况，检测手机自身的 x、y、z 三轴加速度，从而计算是否异常。若发现异常，系统及服务器同时做出响应，发送短信息给紧急联系人，并拨打电话，同时，系统会根据老人所处地理位置搜索周边医院，获取到医院联系方式后拨打求救电话。

5.2.2　系统页面设计

老年关爱系统的页面设计，如图 5-4～图 5-11 所示，包括如下页面。

NO.1：系统登录页面，如果已注册可直接账号密码登录，登录成功后跳转系统主页面，可以进行相关系统设置等操作；未注册用户需要跳转至注册页面进行注册。

NO.2：注册页面，注册使用手机号作为唯一标识。

NO.3：首页，登录成功跳转到首页面，首页面可进行系统相关设置，查询、紧急联系人设置、最近运动轨迹查看等 。

NO.4：紧急联系人管理页面，可编辑管理联系人信息，添加新的紧急联系人，可直接输入手机号添加或者从手机通讯录选择联系人添加。

NO.5：附近医院、超市，可通过地图形式查看老人附近医院情况，获取医院地址、联系电话等。

NO.6：病历管理，包括病历添加、编辑等功能，上传老人病历，包括就医医院、过敏类药物等。

NO.7：我的信息页面，编辑管理老人自身信息。

NO.8：个人中心。

5.2.3　系统详细设计

(1) 开发框架

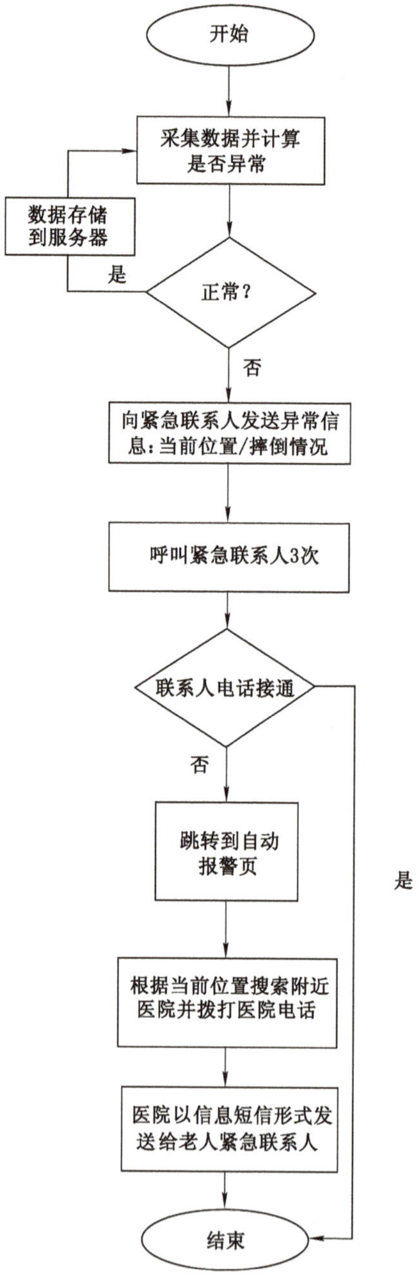
开始
采集数据并计算
是否异常
数据存储
到服务器
是
正常？
否
向紧急联系人发送异常信
息：当前位置/摔倒情况
呼叫紧急联系人3次
联系人电话接通
否
是
跳转到自动
报警页
根据当前位置搜索附近
医院并拨打医院电话
医院以信息短信形式发
送给老人紧急联系人
结束

图 5-3　应急预案流程图

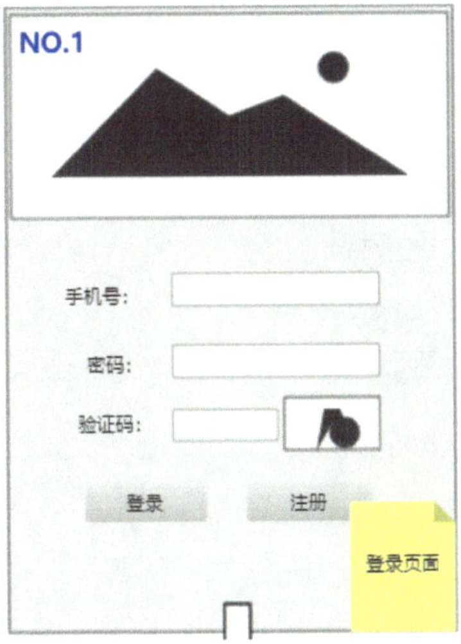

图 5-4　登录页面

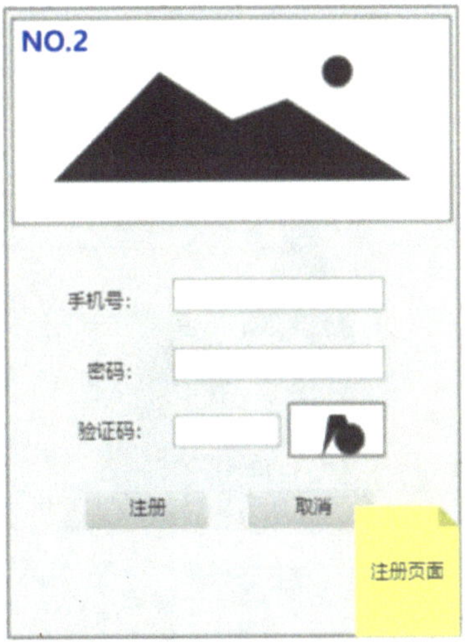

图 5-5　注册页面

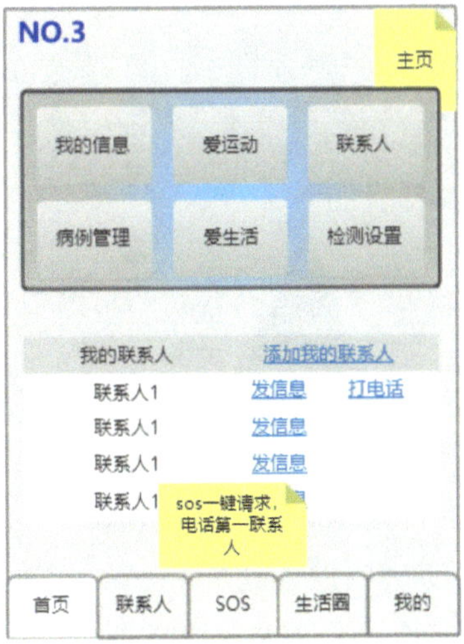

图 5-6　App 主页

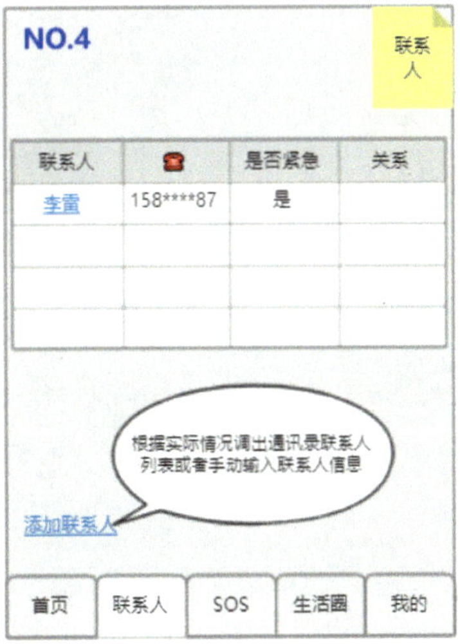

图 5-7　紧急联系人页面

图 5-8　生活圈页面

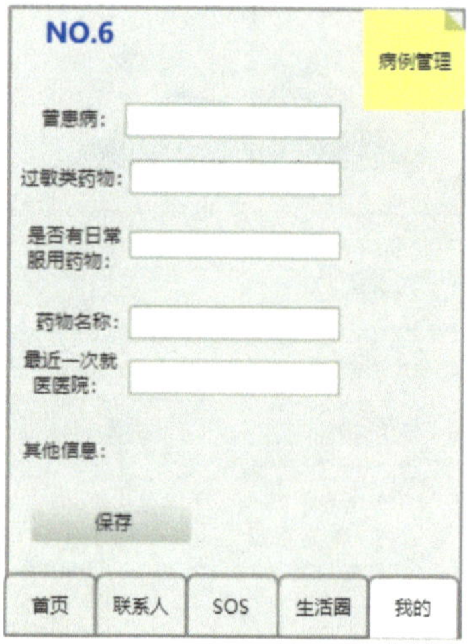

图 5-9　病历管理页面

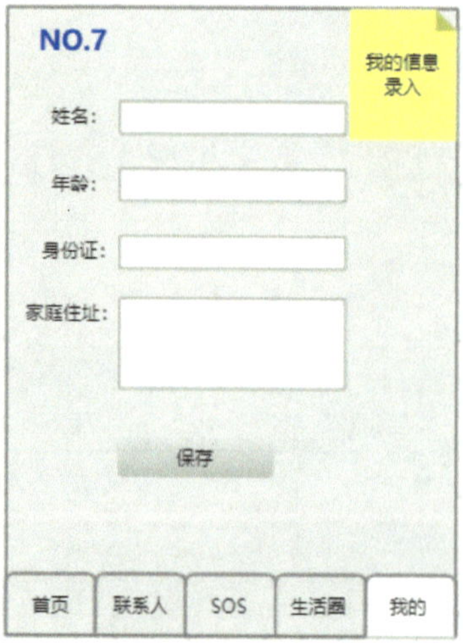

图 5-10　个人信息页面

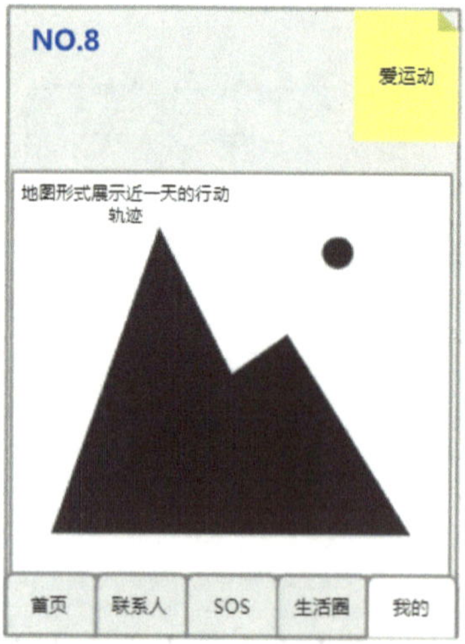

图 5-11　爱运动页面

系统开发采用前后端分离框架，接口开发为 java 语言，spring boot 框架；App 开发采用 html＋vue，开发工具选择 hbuilder。接口框架如图 5-12 所示。

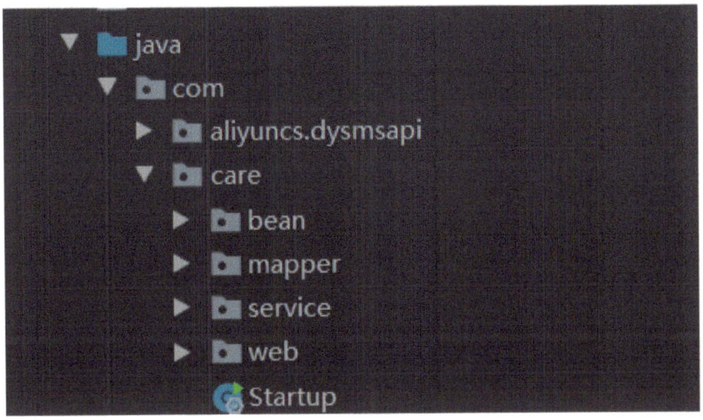

图 5-12　接口框架

bean：数据库实体层，也被称为 entity 层，一般数据库一张表对应一个实体类，类属性同表字段一一对应。

mapper：数据持久层，负责访问数据库，向数据库发送 sql 语句，完成数据的增删改查任务。

service：业务逻辑层，作用是完成功能设计，调用 mapper 层返回数据。

web：controller 层控制层，负责功能为请求和响应控制，前后端交互，接受前端请求，调用 service 层，接收 service 层返回的数据，最后返回具体的页面和数据到客户端。

(2) 接口说明

① public ResponseEntity reg(String mobile，String pwd)

功能说明：用户注册

传入参数：

Mobile：手机号

Pwd：密码

响应参数：

ResponseEntity：返回结果类

result：返回处理状态；

message：返回描述信息；

value：注册信息

② public ResponseEntity login(String mobile，String pwd) {

功能说明:用户登录
传入参数:
mobile:手机号
pwd:密码
响应参数:
ResponseEntity:返回结果类
result:返回处理状态;
message:返回描述信息;
value:登录结果信息
③ ResponseEntity update(UserBo u)
功能说明:用户信息更新
传入参数:
u:用户信息
响应参数:
ResponseEntity:返回结果类
result:返回处理状态;
message:返回描述信息;
value:信息更新结果
④ ResponseEntity detail(int userid)
功能说明:获取用户详细信息
传入参数:
Userid:用户 id
响应参数:
ResponseEntity:返回结果类
result:返回处理状态;
message:返回描述信息;
value:用户信息实体
⑤ ResponseEntity captcha()
功能说明:获取用户列表信息
传入参数:
无
响应参数:
ResponseEntity:返回结果类

result：返回处理状态；

message：返回描述信息；

value：用户列表

⑥ public ResponseEntity add(@RequestBody EmergencyHelpParams params)

功能说明：启动预案求助添加

传入参数：

Params：预案信息实体

响应参数：

ResponseEntity：返回结果类

result：返回处理状态；

message：返回描述信息；

value：紧急预案添加结果

⑦ public ResponseEntity updateState(int userid,int emid,int state)

功能说明：更新紧急预案状态

传入参数：

userid：用户 id

emid：紧急预案 id

state：更新后状态

响应参数：

ResponseEntity：返回结果类

result：返回处理状态；

message：返回描述信息；

value：更新结果

⑧ public ResponseEntity getEmergency_active(int userid)

功能说明：获取进行中的紧急预案状态

传入参数：

userid：用户 id

响应参数：

ResponseEntity：返回结果类

result：返回处理状态；

message：返回描述信息；

value：获取未处理的紧急预案列表

EmergencyContactController:紧急联系人

⑨ public ResponseEntity list(Long userId)

功能说明:我的联系人

⑩ public ResponseEntity add(@RequestBody ContactParams params)

功能说明:添加联系人

传入参数:

params:紧急联系人 model

响应参数:

ResponseEntity:返回结果类

result:返回处理状态;

message:返回描述信息;

value:添加结果

⑪ public ResponseEntity reg(String mobile,String pwd)

功能说明:紧急联系人端注册

传入参数:

mobile:手机号

pwd:密码

响应参数:

ResponseEntity:返回结果类

result:返回处理状态;

message:返回描述信息;

value:注册结果

⑫ public ResponseEntity login(String accountNo,String password)

功能说明:紧急联系人登录

传入参数:

accountNo:手机号

password:密码

响应参数:

ResponseEntity:返回结果类

result:返回处理状态;

message:返回描述信息;

value:登录结果

CareController:我的关注人管理

⑬ public ResponseEntity attentionList(int userId)

功能说明：获取我的关注人列表

传入参数：

userId：紧急联系人 id

响应参数：

ResponseEntity：返回结果类

result：返回处理状态；

message：返回描述信息；

value：我关注的人列表

⑭ public ResponseEntity getMotionTrack(int userId)

功能描述：获取被关注人的运动轨迹

传入参数：

userId：被关注人 id

响应参数：

ResponseEntity：返回结果类

result：返回处理状态；

message：返回描述信息；

value：运动轨迹

⑮ public ResponseEntity updPwd(int userId,String oldPassData,String newPassData)

功能描述：紧急联系人用户密码修改

传入参数：

userId：紧急联系人 id

响应参数：

ResponseEntity：返回结果类

result：返回处理状态；

message：返回描述信息；

value：密码修改结果

⑯ public ResponseEntity saveUserInfo(int userId, String sex, Date birthday,int age,String userName)

功能描述：紧急联系人信息修改

传入参数：

userId：紧急联系人 id

sex:性别

birthday:生日

age:年龄

userName:真实姓名

响应参数:

ResponseEntity:返回结果类

result:返回处理状态;

message:返回描述信息;

value:信息修改结果

ActInfoController:行为记录

⑰ public ResponseEntity add(@RequestBody ActInfoParams params)

功能描述:定时上传手机检测到的数据

传入参数:

params:检测数据

响应参数:

ResponseEntity:返回结果类

result:返回处理状态;

message:返回描述信息;

value:检测数据添加结果

(3) 表结构设计

依据老年关爱系统的功能需求与概要设计,设计检测结果数据表、病历表、联系人信息表、紧急联系人表、紧急预案表 5 个数据表,各表结构如表 5-4~表 5-8所示。

表 5-4　actinfo 检测结果数据表结构

字段	数据类型	备注	是否允许空	是否主键	默认值	其他说明
id	int(11)	id	NO	PRI		auto_increment
userid	int(11)	用户 id	YES			
lng	double(16,9)	经度	YES			
lat	double(16,9)	纬度	YES			
a_x	double(16,11)	x 轴加速度	YES			
a_y	double(16,11)	y 轴加速度	YES			
a_z	double(16,11)	z 轴加速度	YES			
state	int(10)	状态是否异常	YES			
updatetime	datetime		YES			

表 5-5　cases 病历表结构

字段	数据类型	备注	是否允许空	是否主键	默认值	其他说明
id	int(11)	id	NO	PRI		auto_increment
name	varchar(500)	病历名称	YES			
allergy	varchar(500)	过敏药物	YES			
drug	varchar(500)	常用药物	YES			
hospital	varchar(500)	就医医院	YES			
explains	varchar(500)	说明	YES			
user_id	int(11)		YES			

表 5-6　contact 联系人信息表结构

字段	数据类型	备注	是否允许空	是否主键	默认值	其他说明
id	int(11)		NO	PRI		auto_increment
mobile	varchar(11)	手机号	YES			
pwd	varchar(50)	密码	YES			
state	int(255)	状态	YES			
registertime	datetime	注册时间	YES			
userName	varchar(30)	真实姓名	YES			
sex	varchar(10)	性别	YES			
age	int(11)	年龄	YES			
birthday	date	生日	YES			

表 5-7　emergency_contact 紧急联系人表结构

字段	数据类型	备注	是否允许空	是否主键	默认值	其他说明
id	int(11)		NO	PRI		auto_increment
user_id	int(11)	用户 id	YES			
mobile	varchar(50)	手机号	YES			
name	varchar(111)	姓名	YES			
relationship	varchar(111)	关系	YES			

表 5-8　emergency_help 紧急预案表表结构

字段	数据类型	备注	是否允许空	是否主键	默认值	其他说明
id	int(11)		NO	PRI		auto_increment
userid	int(11)	用户 id	YES			
lng	double(16,9)	经度	YES			
lat	double(16,9)	纬度	YES			
act_address	varchar(500)	地址	YES			
emergency_type	int(255)	紧急预案类型	YES			
state	int(255)	处理状态	YES			
createtime	datetime	创建时间	YES			
updatetime	datetime	更新时间	YES			
massage	varchar(200)	发送消息内容	YES			

5.3　老年关爱系统实现

5.3.1　系统实现

(1) 老年关爱系统首页

如图 5-13 所示，首页采用九宫格形式展示系统核心功能，包括我的信息管理、紧急联系人管理、病历管理、运动轨迹、周边商超、系统检测设置、一键求助、语音求助、求助撤销等；首页顶部 banner 图设计为展示与关爱老人相关广告位。

(2) 紧急联系人管理

可以直接输入联系电话添加联系人，或者通过手机通讯录选择联系人添加。

(3) 病历管理

包括病历添加、编辑等功能，上传老人病历，包括就医医院、过敏类药物等。

(4) 我的信息

用于管理编辑老人个人信息，包括老人年龄、性别、身份信息等。

图 5-13　老年关爱系统首页

图 5-14　紧急联系人管理页面

病例
添加
高血压
添加病例
曾患病
请输入曾经患过疾病
过敏类药物
请输入过敏药物名称
日常服用药物
如果您有日常服用药物,请输入药物名称
最近就医医院
如果您最近曾住院,请填写医院名称
其他说明
请添加其他关于您身体疾病的信息
添加我的病例信息
添加病例
曾患病
高血压
过敏类药物
没有
日常服用药物
替米沙坦
最近就医医院
安贞医院
其他说明
请添加其他关于您身体疾病的信息
添加我的病例信息

图5-15 病历管理页面

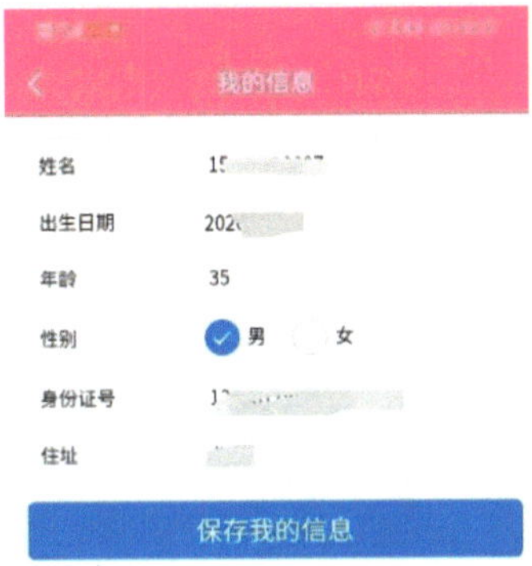

图 5-16　个人信息页面

(5) 周边商超

以地图形式查看老人周边的商超信息。

图 5-17　周边商超页面

(6) 设置页面

设置检测相关信息，包括检测时间间隔等，设置 App 获取手机位置信息权限等。

图 5-18　设置页面

(7) 求助

老人可以通过编辑短信息的形式，或者语音录入，系统自动识别并转成文本，从而实现短信求助。

5.3.2　系统特色

(1) 准确判断老年人突发危险，启动应急预案

老年关爱模式研究重点体现对老年人的随身关爱。关注具备生活自理能力老年人的运动状态，以避免老年人突发危险时得不到及时救助。因此，老年关爱系统的重点在于：准确判断老年人可能存在的危险，及时启动可行的应急预案，自动联系最易到达的医院，并将老年人的情况告知亲属。

(2) 老年人行动异常状态的认定

老年人行动异常状态的认定是启动应急预案的触发器，对老年关爱系统建设至关重要；同时，行动异常状态阈值的设置，也是研究的难点。老年关爱

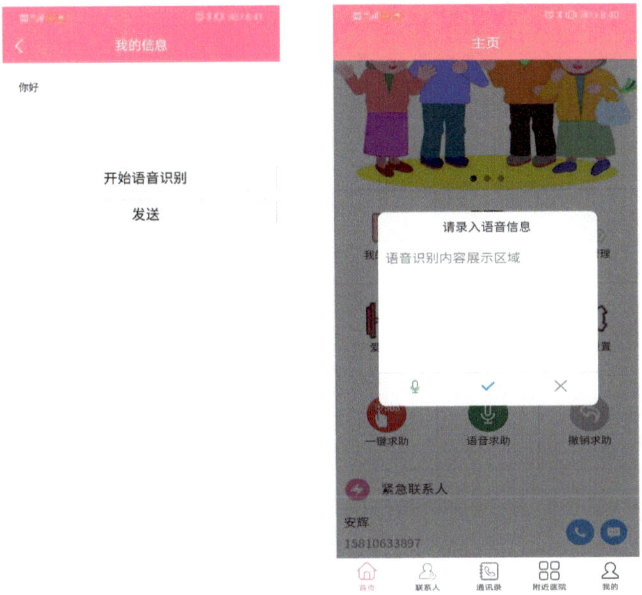

图 5-19　求助功能页面

系统综合运用支持向量机和高斯滤波两种方法确定阈值。就老年人行动异常检测而言，漏判的损失远远大于误判的损失，所以，在阈值确定过程中，适当放宽门限，以避免遗漏。阈值初步确定后，通过样本跟踪实验进行验证，以辅助修正阈值。

参考文献

[1] 本刊讯.国家卫生健康委老龄健康司发布《2020年度国家老龄事业发展公报》[J].上海护理,2021,21(11):19.

[2] 左美云,张驰.养老模式分类的全景图:一个房车模型[J].中国老年学杂志,2015,35(4):1104-1108.

[3] 朱海龙.智慧养老:中国老年照护模式的革新与思考[J].湖南师范大学社会科学学报,2016,45(3):68-73.

[4] 李纯.养老机构社会化现状、问题及建议:以上海市某中心城区养老机构为例[D].上海:复旦大学,2014.

[5] 席恒,任行,翟绍果.智慧养老:以信息化技术创新养老服务[J].老龄科学研究,2014,2(7):12-20.

[6] 郑世宝.物联网与智慧养老[J].电视技术,2014,38(22):24-27.

[7] 白玫,朱庆华.智慧养老现状分析及发展对策[J].现代管理科学,2016(9):63-65.

[8] 成玲,陶月仙.我国城市智慧养老的研究进展[J].全科护理,2021,19(10):1329-1333.

[9] 单伟颖,侯丹,王吉,等.国内外智慧养老服务的研究进展[J].中华临床医师杂志(电子版),2021,15(3):229-231.

[10] 田园,邓晓红.基于知识图谱的智慧养老研究进展[J].经济研究导刊,2022(7):71-73.

[11] 洪姝翌,侯力明."智慧养老"试水南京[N].江苏经济报,2010-12-15(A01).

[12] 毛庆."智慧养老"有望9月在鼓楼试点[N].南京日报,2010-05-12(A02).

[13] 王欣刚.信息化养老服务系统平台的规划与设计[D].南京:南京邮电大学,2012.

[14] 王鑫.用于智慧养老系统的BAN网关系统的研究与开发[D].上海:复

旦大学,2012.
[15] 郭涛.汇晨老年公寓:700多位老人的"智慧"养老记[N].中国计算机报,2013-02-25(14).
[16] 甘肃兰州虚拟养老院推"智慧养老"[J].人口与计划生育,2013(7):60.
[17] 沈晔.长宁区老年健康监护服务信息管理系统[D].大连:大连理工大学,2013.
[18] 杜娟.NEC:"智慧养老"推进养老行业标准化[J].WTO经济导刊,2013(5):54-55.
[19] 吴振宇.基于Web的物联网应用体系架构和关键技术研究[D].北京:北京邮电大学,2013.
[20] 朱晓凤.基于Android技术的智慧养老平台设计与实现[D].北京:北京邮电大学,2013.
[21] 睢党臣,彭庆超.我国城市"互联网+社区居家养老"服务模式的构建基础分析[J].社会保障研究,2017(3):18-26.
[22] 睢党臣,彭庆超."互联网+居家养老":智慧居家养老服务模式[J].新疆师范大学学报(哲学社会科学版),2016,37(5):128-135.
[23] 睢党臣,曹献雨.芬兰精准化养老服务体系建设的经验及启示[J].经济纵横,2018(6):116-123.
[24] 睢党臣,曹献雨."互联网+"养老平台供给模式的选择与优化:基于动/静态博弈分析[J].陕西师范大学学报(哲学社会科学版),2018,47(1):74-82.
[25] 睢党臣,刘星辰.人工智能居家养老的适用性问题探析[J].西安财经大学学报,2020,33(3):27-36.
[26] 向运华,姚虹.养老服务体系创新:智慧养老的地方实践与对策[J].西安财经学院学报,2016,29(6):110-114.
[27] 王晓慧,向运华.智慧养老发展实践与反思[J].广西社会科学,2019(7):81-88.
[28] 王晓慧,向运华.老年智慧照护服务体系探究[J].学习与实践,2019(5):88-97.
[29] 向运华,王晓慧.大数据在社会保障领域的应用:一个研究综述[J].社会保障研究,2019(4):95-104.
[30] 张博.新时代新经济:智慧健康养老产业及发展路径[J].兰州学刊,2020(6):200-208.

[31] 张博.智慧健康养老产业发展困境与出路:基于有效供给视角[J].兰州学刊,2019(11):179-188.

[32] 张博."互联网+"视域下智慧社区养老服务模式[J].当代经济管理,2019,41(6):45-50.

[33] 张博,韩俊江."互联网+"下智慧健康养老服务研究[J].宏观经济管理,2018(12):40-44.

[34] 张博,韩俊江.人口老龄化背景下发展智慧养老产业研究[J].云南民族大学学报(哲学社会科学版),2018,35(4):125-128.

[35] 贾玉娇,王丛.结构二重性视角下智慧居家养老服务体系释析:从"人技隔阂"到"人技融合"[J].社会科学战线,2020(12):212-220.

[36] 贾玉娇,王丛.需求导向下智慧居家养老服务体系的构建[J].内蒙古社会科学,2020,41(5):166-172.

[37] 胡漠,马捷.异构区块链网络视域下智慧养老多元信息协同模式研究[J].图书情报工作,2020,64(7):110-118.

[38] 马捷,李璐,耿寒冰,等.智慧居家养老服务三级应急响应信息协同体系构建[J].图书情报工作,2019,63(15):33-43.

[39] 谢燕,赵庆华,肖明朝,等.重庆市医养结合机构服务现状调查[J].中国护理管理,2022,22(4):548-552.

[40] 黄欢欢,曹松梅,肖明朝,等.社区居家老年人老年科技接受及影响因素的描述性质性研究[J].解放军护理杂志,2021,38(10):4-7.

[41] 黄欢欢,肖明朝,赵庆华.协同设计在智慧养老中的应用与思考[J].解放军护理杂志,2021,38(6):66-68.

[42] 黄欢欢,周科嘉,曹松梅,等.基于混合感知模型的智慧养老平台的建立与应用[J].中华护理杂志,2021,56(3):421-426.

[43] 刘战豫,孙夏令.基于CiteSpace的供给侧结构性改革研究进展与热点分析[J].资源开发与市场,2018,34(7):956-961.

[44] 李杰,陈超美.CiteSpace:科技文本挖掘及可视化[M].北京:首都经济贸易大学出版社,2016.

[45] 贺梦微,杨小林.黄河流域生态环境保护研究热点和趋势分析:基于CiteSpace的可视化分析[J].河南理工大学学报(社会科学版),2022,23(4):57-64.

[46] 陈悦,陈超美,刘则渊,等.CiteSpace知识图谱的方法论功能[J].科学学研究,2015,33(2):242-253.

[47] 童曙泉.养老助残卡实现“互联网+”[N].北京日报,2015-05-22(6).
[48] 郭奎涛.智慧城市“邀约”北斗应用范围扩张[N].中国企业报,2014-11-04(7).
[49] 孙梦楚,高焕沙,薛群慧.国内外智慧养老研究进展[J].特区经济,2016(6):71-73.
[50] 鲍烨童.物联网架构的智慧养老世界[J].中关村,2014(6):56-58.
[51] 张丽雅,宋晓阳.信息技术在养老服务业中的应用与对策研究[J].科技管理研究,2015,35(5):170-174.
[52] 翟振武,陈佳鞠,李龙.中国人口老龄化的大趋势、新特点及相应养老政策[J].山东大学学报(哲学社会科学版),2016(3):27-35.
[53] 冯晓兵.中国民宿网络关注时空特征及影响因素研究[J].世界地理研究,2022,31(1):154-165.
[54] 王胜今,王智初.中国人口集聚与经济集聚的空间一致性研究[J].人口学刊,2017,39(6):43-50.
[55] 杜鹏.中国老年人口健康状况分析[J].人口与经济,2013(6):3-9.
[56] 董雪.智慧居家养老服务设计研究[D].济南:山东大学,2020.
[57] 徐峰.老人手机设计研究:以雅器(首信)系列老人手机为例[J].装饰,2011(4):96-97.
[58] 李晓珊.居家养老模式下的智能产品设计研究[J].包装工程,2015,36(6):77-80.
[59] CARSTENS D Y. Site planning and design for the elderly: issues, guidelines, and alternatives[M]. New York: John Wiley & Sons, 1993
[60] 张俊杰,张海燕,罗锐.基于 Android 平台的移动 GIS 研究与实现[J].计算机工程与设计,2013,34(9):3322-3326.
[61] 李辉.基于 Android 平台的老年人服务系统的设计与研究[D].北京:北京邮电大学,2015.
[62] 许继平,李景涛,彭森,等.基于三轴加速度传感器的老年人摔倒检测系统[J].计算机仿真,2014,31(12):434-437.
[63] 胡永国,赵洁,张军,等.全国高校社区老年人养老服务现状及影响因素研究[J].中国卫生事业管理,2020,37(12):888-892.
[64] 李兆友,郑吉友.农村社区居家养老服务需求强度的实证分析:基于辽宁省 S 镇农村老年人的问卷调查[J].社会保障研究,2016(5):18-26.
[65] 田应选,余敏,孙莉,等.陕西农村老年人集中养老意愿调查及影响因素

[J]. 中国老年学杂志,2018,38(18):4553-4555.
[66] 吴翠萍. 影响城市居民未来养老意愿的因素分析[J]. 中国老年学杂志,2011,31(12):2296-2297.
[67] 张立琳,崔珑严,李景山,等. 大连市贫困家庭老年人的养老意愿及影响因素分析[J]. 中国预防医学杂志,2021,22(8):623-627.
[68] 赵青. 老年失能、社会支持与养老居住意愿:基于中国老年健康影响因素跟踪调查数据的分析[J]. 人口与发展,2021,27(6):140-150.
[69] 陈娜,邓敏. 基于 Anderson 模型的我国失能老人机构养老意愿及影响因素分析[J]. 中国卫生统计,2021,38(1):96-99.
[70] 刘苓君,李含伟. 农村社区参与社会化养老意愿的影响因素分析[J]. 西北人口,2021,42(1):26-37.
[71] 罗梦云,梁会刚,董媛媛,等. 641 名上海市老年人机构养老意愿及其影响因素[J]. 上海交通大学学报(医学版),2017,37(5):679-683.
[72] 石喆,郑卫军,牟艳嫣,等. 杭州市城镇中高端社区老年人养老现状及意愿[J]. 中国老年学杂志,2021,41(12):2651-2654.
[73] 徐明江,赵云仙,尤剑鹏,等. 南宁市老年人社区居家养老意愿及影响因素研究[J]. 中国全科医学,2020,23(18):2328-2334.
[74] 李贝,林金雄. 基于 Order Probit 模型的养老模式选择意愿分析[J]. 中国卫生事业管理,2019,36(11):872-876.
[75] 周翔,张云英. 农村老年人社区养老意愿与影响因素分析:基于长株潭地区 370 份问卷数据[J]. 社会保障研究,2016(4):19-24.
[76] 国家质量监督检验检疫总局. 个人基本信息分类与代码 第 3 部分:健康状况代码:GB/T 2261.3—2003[S]. 北京:中国标准出版社,2003.
[77] 国家质量监督检验检疫总局. 个人基本信息分类与代码 第 2 部分:婚姻状况代码:GB/T 2261.2—2003[S]. 北京:中国标准出版社,2003.
[78] 国家质量监督检验检疫总局,中国国家标准化管理委员会. 学历代码:GB/T 4658—2006[S]. 北京:中国标准出版社,2007.
[79] 国家统计局. 中国统计年鉴 2019(汉英对照附光盘)[M]. 北京:中国统计出版社,2019.
[80] 黄烈佳,郭竞璟. 基于 Lars-Lasso 的居民郊区购房意愿的影响因素分析:以武汉市为例[J]. 现代城市研究,2019,34(9):90-96.
[81] 徐晓君,李强,薛兴利. 农村失能老年人长期照护意愿及影响因素分析:基于山东省的问卷调查[J]. 人口与发展,2018,24(4):87-96.

[82] 闫蕊，赵守梅，张馨心，等. 决策树与 Logistic 回归模型在老年人社区养老意愿影响因素分析中的应用研究[J]. 中国全科医学，2022，25(1)：87-93.

[83] 朱建春，张红，景晓芬. 迁居老人留城养老意愿调查：基于社会资本的视角[J]. 调研世界，2015(4)：26-30.

[84] 常烃，牛桂敏. 农村人居环境整治满意度及支付意愿的影响因素分析：基于天津市问卷的调查数据[J]. 干旱区资源与环境，2021，35(1)：36-42.

[85] 郝金磊. 农民养老模式选择意愿及其影响因素：基于甘肃 146 份问卷数据[J]. 湖南农业大学学报(社会科学版)，2014，15(2)：36-40.

[86] 陈文静，王妍，杨佳琪，等. 京津冀城市老年人养老方式及其影响因素[J]. 中国老年学杂志，2021，41(15)：3366-3369.

[87] 王劲峰，徐成东. 地理探测器：原理与展望[J]. 地理学报，2017，72(1)：116-134.

[88] 宋正娜，陈雯. 基于潜能模型的医疗设施空间可达性评价方法[J]. 地理科学进展，2009，28(6)：848-854.

[89] 韩金威. 老人防摔 GPS 定位报警系统的设计[J]. 科学技术创新，2020(34)：83-84.

[90] 姜文涛，陈昌，蔡燕. 消防员体能预警系统硬件设计[J]. 现代电子技术，2017，40(20)：56-60.

[91] 王春东，单广荻，徐媛一，等. 老人手机 App“老吾老”的设计与实现[J]. 天津理工大学学报，2018，34(3)：21-23.